君を応援《おうえん》する言葉③

心にささる！物語の名言

監修　白坂洋一

あかね書房

君を応援《おうえん》する言葉③　心にささる！物語の名言

もくじ

いつものんびりしてるけど。
ママが夜《よる》まででかけてると、心《こころ》の底《そこ》からのんびりできるんだ。
一生《いっしょう》けんめいのんびりしよう。

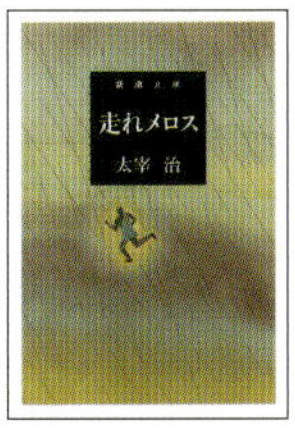

走れメロス
太宰 治

星の王子さま
Le Petit Prince
ANTOINE DE SAINT-EXUPÉRY
サン＝テグジュペリ作
内藤 濯訳

心を動かす言葉の力

言葉は、日常《にちじょう》のいろいろなところにあふれています。
たとえば、あなたが夢中《むちゅう》になっているアニメやドラマ、
聞いている音楽、読んでいる本、街中で見かけた広告《こうこく》、
だれかのスピーチ、友だちや家族との会話――。

私《わたし》たちは日々《ひび》、さまざまな言葉にふれるなかで、
背中《せなか》をおしてもらったり、笑顔になれたり、
気持ちが少しラクになったりしています。
そしてときには、大切なことに気づかされることもあります。

言葉には、人の心を動かす力があるのです。

一方で、同じ言葉であっても、
そのときの気持ちや状《じょう》きょうによって、感じ方が変わることもあります。

楽しいとき、さみしいとき、
がんばりたいとき、少しつかれたとき、
好きな人ができたとき、失恋《しつれん》したとき――。

そして、だれかにとっては味方になる言葉が、
だれかにとっては、重荷になってしまうこともあります。

だから、たとえみんなが「そのとおりだ」と口をそろえても、
すべての言葉を受け入れる必要はありません。
自分にとって必要だと思う言葉を、どうか大切にしてください。

この巻《かん》では、物語に出てくるさまざまな名言を集めました。
何かに挑《いど》み、運命に立ち向かいながら、たくましく生きる人たちの言葉は、
あなたの人生を豊《ゆた》かに、そして温かく包んでくれることでしょう。

いま、大切にしたい言葉は、ありますか？
あなたを応援《おうえん》してくれる言葉を、探《さが》す旅に出かけましょう。

曲り角をまがったさきに
なにがあるのかは、わからないの。
でも、きっといちばんよいものにちがいないと思うの。

『赤毛《あかげ》のアン』
アン・シャーリー

どんな未来にも楽しみがある

人生には、とつぜん進む道を変えなくてはいけなくなることがあります。たとえば、野球選手を目指していたのにケガで続けられなくなったり、親の都合で引っこしをすることになったり。自分ではどうにもできない理由で道を変えるのは、くやしく、悲しい思いをすることでしょう。でも、別の道にも楽しみがあることを忘《わす》れないでください。

小説『赤毛《あかげ》のアン』は、孤児院《こじいん》で育った主人公、アンが老兄妹のマシュウとマリラに引き取られ、美しい自然のなかで成長していく物語。アンも、人生の急カーブを経《けい》験《けん》します。

16歳《さい》になったアンは、学校でよい成績《せいせき》をおさめ、大学へ行くための奨学金《しょうがくきん》をもらう権利《けんり》を得《え》ます。しかし、よろこびも束《つか》の間《ま》、不幸な出来事が重なり進学はせず働くことに。進みたかった道をあきらめたアンですが、落ちこんではいませんでした。本当にそれでいいのかと問うマリラおばさんに対して、アンはこう答えます。

「クイーン（高校）を出てくるときには、自分の未来はまっすぐにのびた道のように思えたのよ――ところがいま曲り角にきたのよ。曲り角をまがったさきになにがあるのかは、わからないの。でも、きっといちばんよいものにちがいないと思うの」

アンは、変えた道の先にある未来を想像《そうぞう》し、わくわくしていたのです。想像力《そうぞうりょく》はアンの進む道をいつも明るく照らしてくれました。「想像《そうぞう》する余地《よち》があるからおもしろい」のだと。

知らない道を進むのはこわくもありますが、まっさらな新しい未来が開けていると思うと、自分の可能性《かのうせい》にわくわくしてきませんか。おびえるよりも、楽しい未来を想《そう》像《ぞう》しましょう。その想像《そうぞう》が曲り道の先を明るく照らしてくれるはずです。

『赤毛のアン』

作：ルーシー・モード・モンゴメリ
訳《やく》：村岡花子《むらおかはなこ》
新潮《しんちょう》文庫

孤児院《こじいん》で育った赤毛の少女アンは、手ちがいで老兄妹の住む家に引き取られることに。空想好きでおしゃべりなアンは、さまざまなトラブルを起こしつつも、周りを明るくし、愛されながら成長していく。

もっと知りたい 『赤毛のアン』の名言

1 こんなおもしろい世界でそう、いつまでも悲しんじゃいられないわ

2 この世の中にこんなに好きなものがたくさんあるって、すてきじゃない？

❶親友のダイアナと会うことを禁止《きんし》されて悲しむアンが、気持ちを切りかえたときのひと言。

❷景色や音など、さまざまなものを美しく思うことで人生は豊《ゆた》かになると気づかされるアンの名言。

学びを深める 小説『赤毛のアン』は、これまでに複数《ふくすう》の人が、ほん訳《やく》をしています。ほん訳《やく》した人によって表現《ひょうげん》のちがいなどがあるので、いろいろと読み比《くら》べてみてもおもしろいでしょう。

ところで平凡《へいぼん》な俺《おれ》よ 下を向いている暇《ひま》はあるのか

『ハイキュー!!』第30巻《かん》

田中龍之介《たなかりゅうのすけ》

平凡《へいぼん》だからこそ努力ができる

世界で活やくするアスリートや芸術家《げいじゅつか》、研究者など、天才と呼《よ》ばれる人たちのなかで、自分には才能《さいのう》があると思っている人はどれくらいいるでしょうか。きっとほとんどいないでしょう。どんなにすごいと思える人でも、かべにぶつかり、「自分には才《さい》能《のう》がない」となやむ時期があるはずです。大切なのは、自分の無力さを自覚したときにどのように行動するかなのです。

まんが『ハイキュー!!』には、さまざまなタイプのバレーボール選手が登場しますが、みんなそれぞれ自分の弱さやコンプレックスと戦っています。なかでも主人公のチームメイトである田中龍之介《たなかりゅうのすけ》が自分を奮《ふる》い立たせるために言った「ところで平凡《へいぼん》な俺《おれ》よ　下を向いている暇《ひま》はあるのか」という言葉は、自分の能力《のうりょく》に失望して心が折れそうになったとき、ガツンと心にひびくでしょう。

彼《かれ》は、身長が高いわけでもないし、ズバぬけたバ

▲ふだんはがむしゃらにバレーボールに向き合う田中ですが、ときには、自分には才能《さいのう》がないと自覚します。

レーセンスがあるわけでもありません。チームメイトのなかでいちばんになれる部分がないことを自覚し、落ちこむこともありますが、とても強い心の持ち主です。落ちこんでも、すぐに気持ちを立て直します。平凡《へいぼん》だからこそ、努力するしかない。落ちこんでいる暇《ひま》があるなら、上を目指して進むしかないのだと。

　きっとだれもが最初は平凡《へいぼん》な人です。失敗も自分の無力さも受け入れて何度でもやり直す。そのくり返しが、才能《さいのう》を開花させる術《すべ》なのかもしれません。

▲平凡《へいぼん》だからこそ落ちこんでいる暇《ひま》はない。自らを奮《ふる》い立たせた田中は、自分へのトスを要求するのでした。

もっと知りたい

『ハイキュー!!』の名言

1
君達が弱いということは
伸《の》びしろがあるということ
こんな楽しみな事無いでしょう
(武田《たけだ》先生)

2
“ムリ”ではなく
“ムズカシイ”である!!
(木兎光太郎《ぼくとこうたろう》)

❶ライバル校との合同練習中、自分たちの弱さに行きづまりを感じる部員たちを前に、顧《こ》問《もん》の武田先生がおくったひと言。全員の気持ちが前向きになりました。
❷梟谷《ふくろうだに》学園のエース・木兎が、次の試合での目標を宣言《せんげん》して、「それは無理だろう」と仲間に言われたときのひと言。ハードルの高い物事に挑《いど》むときに大切にしたい考え方です。

『ハイキュー!!』
作：古舘春一《ふるだてはるいち》
集英社

低身長ながらバレーボールへの情熱《じょうねつ》はだれにも負けない日向《ひなた》と、天才セッターと呼《よ》ばれた冷静な影山《かげやま》。ふたりを中心に、かつて強ごう校と呼《よ》ばれた烏野《からすの》高校バレーボール部が全国大会を目指す。

考えてみよう？ あなたは今、がんばっていることがありますか？　その物事に対して、自分には才能《さいのう》がないと感じたとき、どんな行動を起こしますか？

『スパイダーマン：スパイダーバース』

待つんじゃない、跳《と》ぶんだ。自分を信じて跳《と》べばいい。

ピーター・B・パーカー

行動を起こす勇気があれば だれでも夢《ゆめ》はかなえられる

「あなたの夢《ゆめ》は？」という質問《しつもん》にすぐ答えることはできますか。好きなことはあっても自分には才能《さいのう》がないからと、あきらめてしまう人も多いのではないでしょうか。

映画《えいが》『スパイダーマン：スパイダーバース』の主人公、マイルスもそうでした。やりたいことはあってもそこに飛びこむ勇気はなく、親が決めた学校に通うきゅうくつな日々《ひび》。でもある日、かべにはりついたり、糸を出したりするスパイダーマンの能力《のうりょく》を得《え》ることになります。

スパイダーマンは少し変わったヒーローです。特別な才能《さいのう》などは必要なく、放射能《ほうしゃのう》をあびたクモにたまたまさされた人が、能力《のうりょく》をもってしまうだけ。変身するわけでもなく（コスチュームは手づくり）、悪と戦う宿命があるわけでもない、自分でやると決めたことに迷《まよ》いながらも挑戦《ちょうせん》していく人間味のあるヒーローなのです。

マイルスは能力《のうりょく》を得《え》てもコントロールできず、何の役にも立ちません。「いつまで待てばいい？」と問うマイルスに、先ぱいスパイダーマンのピーターはこう答えました。「待つんじゃない、跳《と》ぶんだ。自分を信じて跳《と》べばいい」

マイルスが得《え》た能力《のうりょく》は、ひとつの可能性《かのうせい》です。それはだれのところにふってくるかわかりませんが、それを生かせるかどうかは、自分の行動次第。まずは自分を信じて、勇気を出して跳《と》んでみましょう。

▼映画《えいが》では主人公のマイルスを中心に、複数《ふくすう》のスパイダーマンが存在《そんざい》する世界で物語が進んでいきます。

『スパイダーマン：スパイダーバース』
監督《かんとく》：ボブ・ペルシケッティ
声：シャメイク・ムーア ほか
発売・販売元《はんばいもと》：ソニー・ピクチャーズ エンタテインメント

学びを深める

映画《えいが》『スパイダーマン：スパイダーバース』は、「スパイダーマン」シリーズ初のアニメ作品。第91回アカデミー賞長編《しょうちょうへん》アニメ映画賞《えいがしょう》をはじめ、さまざまな賞《しょう》を受賞《じゅしょう》しました。

人はみな変わってるさ

『スタンド・バイ・ミー』

クリス

▲クリス（左）とゴーディ（右）は、おたがいのなやみを打ち明け支《ささ》え合うことで、忘《わす》れられないひと夏の思い出と友情《ゆうじょう》を育んでいきます。

いつわりのない自分を理解《りかい》してくれる場所は必ずある

映画《えいが》『スタンド・バイ・ミー』は、アメリカの小さな町に住む少年4人の友情《ゆうじょう》と冒険《ぼうけん》をえがいた物語です。12歳《さい》の夏休み、中学への進学をひかえた彼《かれ》らは、家族や学校へのなやみ、不安をかかえていました。

主人公のゴーディは、兄《あに》を亡《な》くし、悲しみから立ち直れない両親を前に、自分こそいらない人間だと苦しみます。そんな感《かん》情《じょう》をいだく自分は変なのかと問う彼《かれ》に、友人のクリスはこう言います。「ああ、でもそれがなんだ。人はみな変わってるさ」

自分はどこか変なのかもしれない、そんな不安をかかえたときには、思い出してください。いま自分がいる場所、見えている世界がすべてではないということを。

ゴーディは旅のなかで自分をさらけ出し、本当の自分を受け入れてくれる存在《そんざい》がいることを実感します。そして、町に帰ってきたときには、世界が少しちがって見えていました。

たとえ今、居場所《いばしょ》がないと感じていても、この先あなたがどんな未来を選ぶかで、世界はどんどん広がります。そうすれば、自分を理解《りかい》してくれる場所が必ずあることに気づくことができるしょう。そして、今、なやんでいるあなた自身も、だれかにとってのクリスになれるはずです。

『スタンド・バイ・ミー』
監督《かんとく》：ロブ・ライナー
出演《しゅつえん》：ウィル・ウィートン ほか
発売・販売元《はんばいもと》：ソニー・ピクチャーズ エンタテインメント

考えてみよう ?
友だちに対して、「この子は少し変わっているな」「周りからういているな」と感じたことはありますか？　そんなとき、あなたはその友だちを受け入れることができますか？

闘《たたか》わないで、自分がしたいことだけ考えてみて。もう闘《たたか》わなくてもいいよ

『かがみの孤城《こじょう》』

喜多嶋《きたじま》先生

闘《たたか》うことにつかれたら やめたっていい

がんばれ、やればできる、負けないで。世の中にはそんな応援《おうえん》の言葉があふれていて、前向きにがんばることが正しい、にげてはだめと教えられることが多いと思います。もちろん、それもまちがってはいません。けれど、〝がんばらなくてはいけないとき〟があるように、〝がんばらなくてもいいとき〟だってあるのです。

　小説『かがみの孤城《こじょう》』の主人公、こころは、クラスメイトの女子からいやがらせをされ、学校へ行けなくなってしまいます。こころにとってそれは〝いじめ〟と呼《よ》べるもの。けれど相手や学校の先生は深刻《しんこく》には受け止めていませんでした。自分が感じた苦しみは相手にまったく理解《りかい》されない、そんな現実《げんじつ》に打ちのめされるこころに、フリースクールの喜多嶋《きたじま》先生が言ったのは「闘《たたか》わなくていい」という言葉でした。

　どうしてもうまくいかない、つらい、にげてしまいたい……。生きていくなかで、そうした場面に出くわすこともあるでしょう。そんなとき、もし「がんばらなきゃ」という思いや周囲《しゅうい》の声にがんじがらめになってしまったときは「闘《たたか》わなくてもいい」という言葉を思い出してください。立ち向かうことだけが正解《せいかい》ではありません。弱い自分も認《みと》めて、何よりも、自分の心を大切にしてあげましょう。

だいじょうぶ、自分の行動に胸《むね》を張《は》れていれば、本当のあなたを見てくれる人は必ずいます。

『かがみの孤城』

作：辻村深月《つじむらみづき》

ポプラ社

言葉のちえ !

「孤城《こじょう》」とは、敵《てき》に囲《かこ》まれて身動きが取れなくなった城のこと。本作では、孤独《こどく》な子どもたちを守るための場所として象《しょう》ちょうされています。

敵《てき》に立ち向かっていくのにも大いなる勇気がいる。しかし、味方の友人に立ち向かっていくのにも同じくらい勇気が必要じゃ。

『ハリー・ポッターと賢者《けんじゃ》の石《いし》』
アルバス・ダンブルドア

だれに対しても誠実に向き合い ぶつかれるのは勇者のしるし！

小説『ハリー・ポッターと賢者《けんじゃ》の石《いし》』で、主人公、ハリーのルームメイトとして登場するネビルは、自分に自信がなく、失敗ばかりの男の子。でも、ハリーたちが規則《きそく》をやぶり外へ出ようとしたときには、勇気を出して止めようとします。「行かせるもんか！　君たちと戦う」と。

もし、仲のよい友だちがまちがったことをしたとき、「それはちがう」と言うことができますか？　親しい人に対し、その人を否定《ひてい》するようなことを言うのは勇気がいります。それは、おそろしい敵《てき》に戦いをいどむより難《むずか》しいことかもしれません。だって敵《てき》にはきらわれてもかまいませんが、親しい人には、きらわれたくありませんから。

しかし、ネビルは立ち向かいました。簡《かん》単《たん》に術《じゅつ》をかけられ、ハリーたちを止めることはできませんでしたが、すべてを見ていた魔法《まほう》学校のダンブルドア校長先生は、全校生徒の前でネビルをほめます。

「敵《てき》に立ち向かっていくのにも大いなる勇気がいる。しかし、味方の友人に立ち向かっていくのにも同じくらい勇気が必要じゃ」

自分をぎせいにしても悪者に立ち向かう、そんな冒険《ぼうけん》はそうそう起こりえないことかもしれません。けれど、となりにいる友だちがまちがったことをしようとしたときに止めることはできるでしょう。それは、ハリーがした冒険《ぼうけん》と同じだけの価値《かち》があるということに、この言葉は気づかせてくれます。

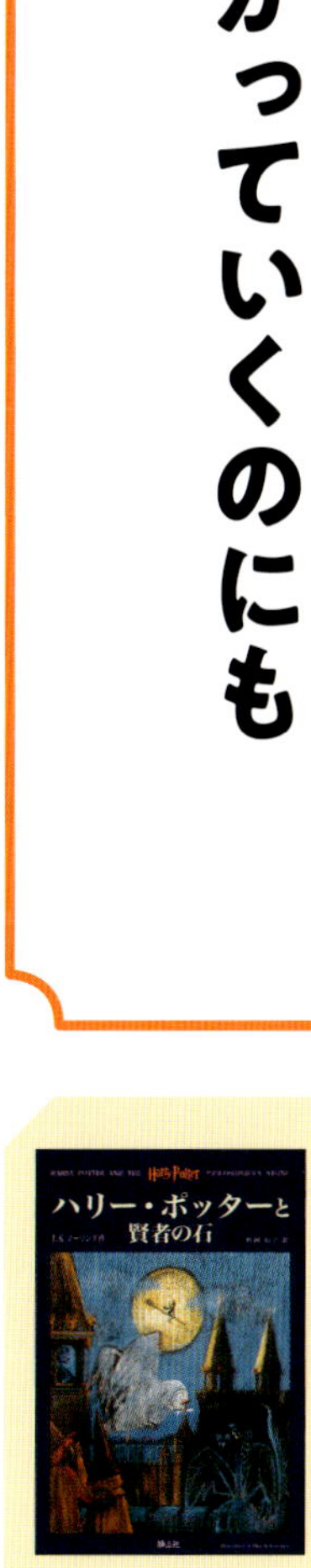

『ハリー・ポッターと賢者の石』
作：J.K.ローリング
訳《やく》：松岡佑子《まつおかゆうこ》
画：ダン・シュレシンジャー
静山社

観てみよう

『ハリー・ポッターと賢者《けんじゃ》の石《いし》』
監督《かんとく》：クリス・コロンバス

2001年に公開された映画版《えいがばん》。全世界で大ヒットを記録しました。
発売元：ワーナー・ブラザース ホームエンターテイメント

一生けんめいのんびりしよう。

『ドラえもん』第8巻《かん》 野《の》比《び》のび太《た》

いつものんびりしてるけど。
ママが夜《よる》まででかけてると、心《こころ》の底《そこ》からのんびりできるんだ。
一生《いっしょう》けんめいのんびりしよう。

▲のび太は心の底からのんびりする方法を知っているからこそ、なまけ者ながらも、豊《ゆた》かで思いやりのある子に育ったのかもしれません。

“のんびり時間”は心の栄養

『ドラえもん』に出てくるのび太は、自他共に認《みと》めるのんびりキャラ。勉強もスポーツも苦手だけど、努力はせずにいつもドラえもんにたよりっぱなし。過《す》ぎたことは気にしない、先のこともとりあえずいいやと、だらだらすることが大好きです。

そんなのび太がある日、お母さんが夜まで家にいないとわかったときに、幸せそうに言ったのがこのセリフ。

「一生けんめいのんびりしよう」

みなさんは、「一生けんめい」という言葉をどんなときに使いますか？　何かをがんばるときや、目標に向かうときなどに使うことが多いのではないでしょうか。でものび太は、全力でのんびりするために、一生けんめいになるのです。

今は、勉強や習い事など、いろいろなことに追われ、ゆっくりできる時間が少ない人が多いかもしれません。でも、そんな毎日を送っていると、少しつかれてしまいますよね。そんなときはのび太を見習って、一生けんめいのんびりしてみてください。

それは、決してムダな時間ではありません。自分のことをふり返ったり、人にやさしくしたりできるのは、心に余《よ》ゆうがあってこそ。じょうずにのんびりできれば、人生はもっと豊《ゆた》かになりますよ。

ドラえもん
第8巻
藤子・F・不二雄

てんとう虫コミックス
『ドラえもん』
作：藤子《ふじこ》・F・不二雄《ふじお》
小学館

言葉のちえ！ いろいろなものから解放《かいほう》され、のんびりリラックスして過《す》ごすことを「羽をのばす」といいます。鳥が大きく羽をのばし、飛び立っていく様子からきた慣用《かんよう》句《く》です。

より道名言

不思議と心が強くなる
後ろ向き名言

少し後ろ向きだけど、なんだか気持ちがラクになったり、心にぐさりとささったりする名言たちを集めました。
ネガティブな言葉も、ときにはだれかを支《ささ》える言葉になるのです。

「みんな役に立っているんだね
コジコジは役に立ったことないよ」

――コジコジ／まんが『コジコジ』 作：さくらももこ（集英社）

メルヘンの国で生きる主人公のコジコジが、「自分は何の役に立つのか」となやむカエルのトミーにあっけらかんと返した言葉。思うまま生きるコジコジのすがたに、なんだか心が軽くなります。

「正義《せいぎ》か　そんなもんは
この世の中にありはしない」

――ブラック・ジャック／まんが『ブラック・ジャック』
作：手塚治虫《てづかおさむ》（秋田書店）

ある日ブラック・ジャックが救《すく》った患者《かんじゃ》は、難民《なんみん》を助けるために強盗《ごうとう》をしたことで、ヒーローあつかいされる男でした。だれかにとっての正義《せいぎ》は、だれかにとっての悪でもあるかもしれない。正義《せいぎ》の難《むずか》しさを、ブラック・ジャックはこう語りました。

「〝いつもやさしく愛想よく〟なんて、
やってられないよ。
理由はかんたん。時間がないんだ」

――スナフキン／小説『ムーミン谷《だに》の仲間《なかま》たち』
作：トーベ・ヤンソン（講談社）

優《やさ》しく愛想がいい人は、みんなに好かれますが、いつもそうしていると少しつかれてしまいますよね。たまには自分勝手になってもいいと、スナフキンは教えてくれています。

「『人』という字は、
人と人とがおたがいに
支《ささ》え合ってできている……
わけではありません！」

――古美門研介《こみかどけんすけ》／ドラマ『リーガルハイスペシャル』
脚本《きゃくほん》：古沢良太《こさわりょうた》（フジテレビ）

裁判《さいばん》では負け知らずでも、性格《せいかく》が最悪の弁護士《べんごし》・古美門研介が、中学生たちに放ったひと言。支《ささ》え合うことの大切さがうたわれる世の中ですが、結局は自分の力で生きていくしかないという古美門らしいメッセージです。

「一度口から出しちまった言葉は
もう元にはもどせねーんだぞ。
言葉は刃物《はもの》なんだ。
使い方をまちがえると、
やっかいな凶器《きょうき》になる」

――江戸川《えどがわ》コナン／映画《えいが》『名探偵《めいたんてい》コナン 沈黙《ちんもく》の15分《クォーター》』
原作：青山剛昌《あおやまごうしょう》　総監督《そうかんとく》：山本泰一郎《やまもとやすいちろう》（東宝）

ひょんなことから激《はげ》しい言い争いになった元太《げんた》と光彦《みつひこ》に、コナンがかけた言葉。ちょっとしたひと言が、相手をひどく傷《きず》つけてしまうこともある。自分の言葉に責任《せきにん》をもつことの大切さに気づかされます。

古い書物に書いてあった！

古典から生まれた言葉

三国志《さんごくし》にまつわるものなど、中国の古い歴史《れきし》や物語から生まれた言葉を故事成語《こじせいご》といいます。
ここでは、4つの故事成語《こじせいご》の意味や由来をしょうかい。みなさんもいろいろな故事成語《こじせいご》を調べてみてください。

故事成語《こじせいご》ってなに？

昔あった出来事や言い伝え、物語など（＝故事《こじ》）がもとになって生まれ、今に受けつがれている言葉のことを故事成語《こじせいご》といいます。

故事成語《こじせいご》の多くは、中国の古い書物に書かれていたものがもとになっています。戦《いくさ》のなかで生まれた出来事や心がまえ、思想家の考え、詩人の言葉など、さまざまな事がらから、人生に役立つ多くの学びや教訓が語られています。

故事成語《こじせいご》とことわざは、ちがうものなんだね
「完璧《かんぺき》」や「矛盾《むじゅん》」のような短い故事《こじ》成語《せいご》もありますぞ

青は藍《あい》より出《い》でて藍《あい》より青し

意味

弟子や生徒などがしっかりと教えを学び、その師匠《ししょう》や先生よりも優《すぐ》れた者になること。

由来

ある日、君主（国のえらい人）が「学問は途《と》中《ちゅう》でやめるべきではない。青色の染料《せんりょう》は藍《あい》という草からしぼってとるが、その色はもとの藍《あい》よりもあざやかになる。また、氷も水からつくるものだが、水よりもずっと冷たくなる」と言ったという話がもとになっています。中国の『荀子《じゅんし》』という書物に書かれていた言葉です。

使い方

師匠《ししょう》より空手が強くなるなんて、まさに**青は藍《あい》より出《い》でて藍《あい》より青し**だね。

井の中の蛙《かわず》大海《たいかい》を知らず

意味

自分のせまい知識《ちしき》や世界がすべてだと思い、ほかに広い世界があることを知らないこと。

由来

ある日、川の神様が初めて海に行き、その大きさにおどろきます。すると海の神様が、「井戸の中に住むカエルに海の話をしてもわからない。それは、井戸の中の世界がすべてだと思っているから。また、夏の虫に冬の氷の話をしても仕方がない。それは夏しか季節を知らないから」と語ったといいます。中国の『荘子《そうじ》』という書物に書かれた話に由来します。

使い方

自分は学校の中でいちばん頭がいいと言うけれど、それは**井の中の蛙《かわず》大海《たいかい》を知らず**だよ。

渇《かっ》しても盗泉《とうせん》の水を飲まず

意味

どんなに困《こま》っていても、悪いことや人を裏切《うらぎ》ることには手を出さないということ。

由来

自分の仕えた呉《ご》という国をほろぼした、晋《しん》という国に仕えることになった陸機《りくき》の詩「猛虎《もうこ》行《こう》」から。「聖人《せいじん》といわれる孔子《こうし》は、どんなにのどがかわいても『盗泉《とうせん》』という名の泉《いずみ》の水は飲まなかった。どんなに暑い日でも『悪《あく》木《ぼく》』という名の木のかげでは休まなかったのに」と、敵《てき》だった人といっしょに仕事をすることへなやむ気持ちを表しました。

使い方

どんなに苦しくても、あの人たちの手は借りない。**渇《かっ》しても盗泉《とうせん》の水を飲まず**だ。

虎穴《こけつ》に入《い》らずんば虎子《こじ》を得《え》ず

意味

何事も危険《きけん》をおかさなければ、大きな成果は得《え》られないということ。

由来

漢《かん》の将軍《しょうぐん》である班超《はんちょう》が、戦いのなかで追いつめられたとき、「虎《とら》が住むほら穴《あな》に入らなければ、その中にいる虎《とら》の子を手に入れることはできない」と、虎《とら》の子を勝利や成功にたとえて、部下たちを奮《ふる》い立たせました。その結果、敵《てき》に勝つことができたという、中国の『後漢《ごかん》書《じょ》』という書物の話に由来します。

使い方

失敗する可能性《かのうせい》もあるけれど、**虎穴《こけつ》に入《い》らずんば虎子《こじ》を得《え》ず**だ。まずは挑戦《ちょうせん》してみよう。

『チャーリーとチョコレート工場《こうじょう》』

チャーリー

愛しているから心配なのさ

口うるさいのは愛情《あいじょう》の裏返《うらがえ》し

「ゲームばかりしちゃダメ」

「おかしは食べすぎちゃダメ」

「夜おそくまで起きていてはダメ」

大人はいろいろなことを制限《せいげん》します。ときには反こうしたくもなるでしょう。

映画《えいが》『チャーリーとチョコレート工場《こうじょう》』の主人公は、世界一のチョコレート工場をつくったウィリー・ウォンカ。彼《かれ》は、反こう的でわがままな子どもが、そのまま大人になったような人です。チョコレートの川が流れる工場で、一枚《まい》でフルコース・ディナーが味わえるガムや、テレビの映像《えいぞう》の中に電波でチョコを送るテレビ・チョコレートなどをつくる日々《ひび》。

でもあるとき、自分も年をとったことに気がつきます。そして自分のあとを受けついでくれる人を選ぶために5人の子どもを工場に招待《しょうたい》したのです。

あとつぎに選ばれたのは、貧《まず》しいけれど家族思いで心優《こころやさ》しい少年チャーリー。チャーリーはそれをとても喜《よろこ》びますが、あとをつぐには家族を捨《す》て、工場に住むのが条件《じょうけん》だと聞くと、ウォンカのさそいをきっぱりと断《ことわ》ります。

あなたならどうするでしょうか。あれこれ言う大人がいない場所で、自分の好きなことだけをできるとしたら……。

ウォンカは、夢《ゆめ》の実現《じつげん》に家族は足手まと

▲工場内を見学する子どもたちとウォンカ。そこには見たこともない、不思議な世界が広がっていました。

いだと考えていたため、チャーリーの返事を理解《りかい》することができません。「何かをしようとするとじゃまをするから家族は苦手」というウォンカに、チャーリーはこう言います。「愛しているから心配なのさ」

だれにも文句《もんく》を言われず、自分のやりたいことだけをできたら楽しいでしょう。でもおこる人がいないということは、本気で心配してくれる人もいないということです。ゲームもおかしも夜ふかしも、禁止《きんし》するのは、健康に育ってほしいという愛情《あいじょう》の裏返《うらがえ》し。愛情《あいじょう》はわずらわしく感じることもありますが、いつまでもそばにあるものとは限《かぎ》りません。あなたを愛し、おこってくれる人がいる今を大切にしましょう。

『チャーリーとチョコレート工場』

監督《かんとく》：ティム・バートン
出演《しゅつえん》：ジョニー・デップ ほか
発売元：NBCユニバーサル・エンターテイメント

チャーリーの住む町には世界一大きなチョコレート工場がある。ある日、工場主のウィリー・ウォンカは、世界中から５人の子どもを工場見学に招待《しょうたい》。チャーリーも不思議な工場へと足をふみ入れます。

もっと知りたい

『チャーリーとチョコレート工場』の名言

家族はいちばん大事だもん
世界中のチョコよりね

家族とはなれるならと、ウォンカのさそいを断《ことわ》ったチャーリーの言葉。自分にとって何が最も大切なのかを知っているのです。

言葉のちえ

「親の心子知らず」とは、親が子を思う気持ちが通じないで、子は勝手気ままにふるまうことを表したことわざです。

それだから、走るのだ。信じられているから走るのだ。

『走《はし》れメロス』
メロス

信じ、信じられることは人の心を強くする

だれも見ていないからズルをしちゃおう。だまっていればバレないだろう。そう思ったことはありませんか。どんなに正直で正《せい》義感《ぎかん》が強い人でも、心のなかでふと悪魔《あくま》の声がささやくことがあります。小説『走《はし》れメロス』の主人公、メロスもそうでした。

ある日メロスは、人を信じることができず、罪《つみ》のない人々《ひとびと》を処《しょ》けいしている王の存《そん》在《ざい》を知り、激怒《げきど》し城に乗りこみます。ですが、王に歯向かったことで自分が処《しょ》けいされることに。メロスはそれも覚ごのうえでしたが、最愛の妹の結婚式《けっこんしき》だけは見届《みとど》けさせてほしいと、友人のセリヌンティウスを人質《ひとじち》として処《しょ》けい台に残すことを条件《じょうけん》に、3日間のゆるしをもらいます。必ずもどると約束するメロスに対し、王はあざわらってこう言いました。「いのちが大事だったら、おくれて来い」

人はだれでも、ひきょうな心、自分を守ろうとする心をもっています。ときには、それに負けそうになることもあるでしょう。メロスも友とのちかいを胸《むね》に走る道中、心のなかでかっとうしました。「このままここにいたい」「いっそ、悪徳者として生きのびてやろうか」。でも、その気持ちに打ち勝ち走り続けることができたのは、自分を信じてくれる友がいたからでした。

もし、ひきょうな気持ちに負けそうになったら、メロスのように、あなたを信じてくれている人のことを思い出してください。それが自分自身を強くする力にもなり、正しい道に導《みちび》いてくれるはずです。

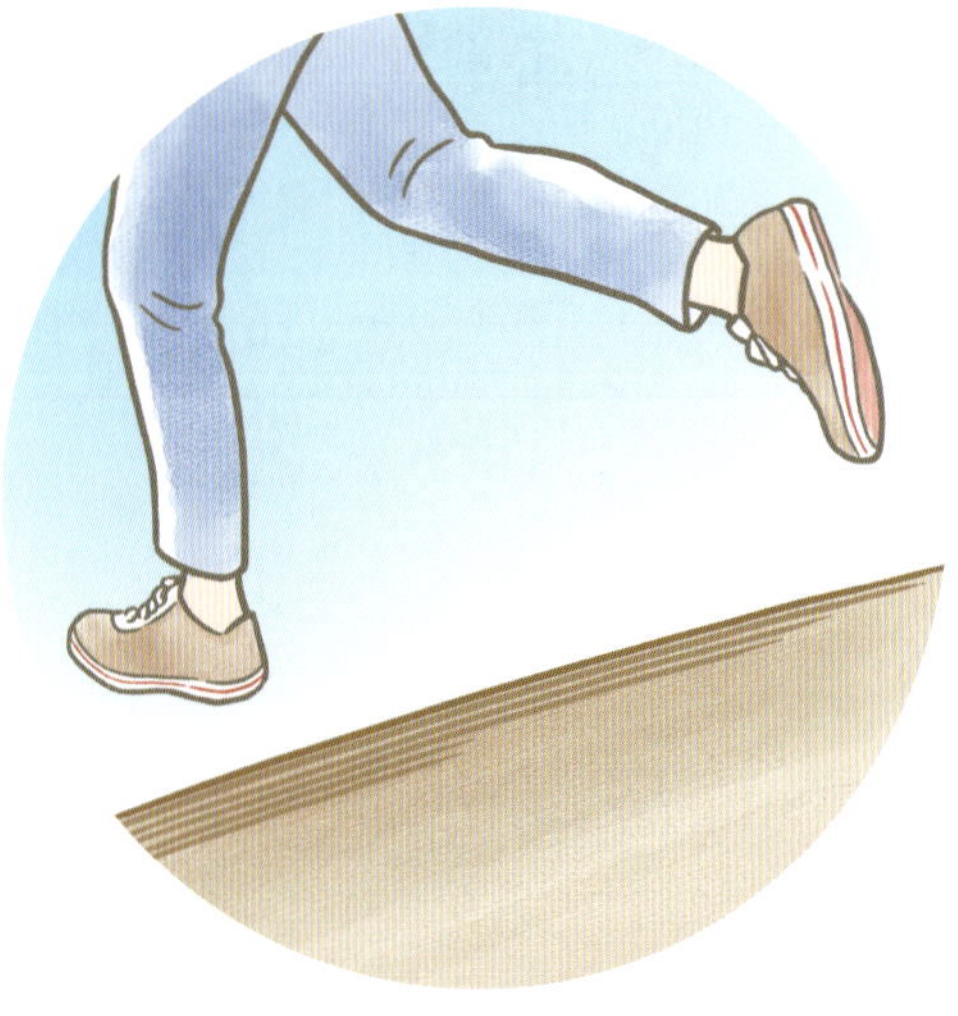

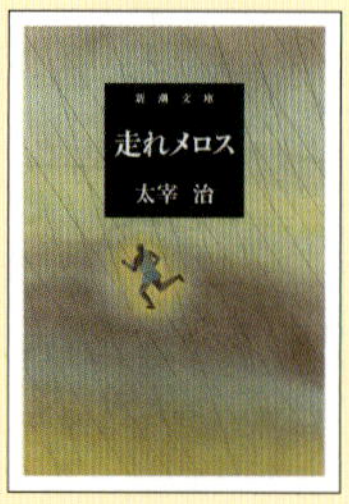

『走れメロス』
作：太宰治《だざいおさむ》
新潮《しんちょう》文庫

学びを深める
『走れメロス』は昭和15年（1940年）に発表された太宰治の小説。80年以上経《た》った今でも、中学校の教科書の定番になるなど、絶大《ぜつだい》な人気を集め続けています。

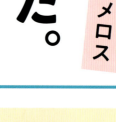

『そして、バトンは渡《わた》された』

優子《ゆうこ》

塞《ふさ》いでいるときも元気なときも、ごはんを作ってくれる人がいる。それは、どんな献立《こんだて》よりも力を与《あた》えてくれることかもしれない。

毎日ごはんをつくる。それは愛情《あいじょう》がなくてはできないこと

朝、昼、晩《ばん》、当たり前のように出てくるごはん。そこにどれだけの愛情《あいじょう》がこめられているか、考えたことはありますか。

小説『そして、バトンは渡《わた》された』の主人公、優子《ゆうこ》は、幼《おさな》いころに母を亡《な》くし、父とも海外転勤《てんきん》を機にはなればなれ、血のつながらない親の間をリレーされながら育った女の子です。けれど自分を不幸だと感じたことはありませんでした。それは、どの親も自分にまっすぐな愛情《あいじょう》を注いでくれていることがわかっていたから。

優子にとって3番目の父である森宮《もりみや》さんは、いつもたくさんのごはんをつくってくれます。新学期の朝は気合を入れたかつどん、いやなことがあった日は立ち向かうパワーをつけるためのぎょうざ、受験時期には毎晩《まいばん》出される夜食。こり性《しょう》な性格《せいかく》から毎日同じメニューがテーブルに並《なら》ぶこともありましたが、優子はそれに不満をもらしながらも、出された食事は残さず食べました。この言葉は、そんな優子がいつものように森宮さんお手製《てせい》の晩《ばん》ごはんを食べているとき、心のなかでつぶやいたセリフです。

毎日、食事が出てくるのは当たり前のことではありません。つくる人はつかれていても、いそがしくても、時間をかけて考えます。今日は何が食べたいかな、元気になれるものは何だろう、量は足りるかな。出てくる料理は何であれ、毎日あなたのことを考えてくれる人がそこにいる。それはとても幸せなことなのです。この言葉は、そんな大切なことを気づかせてくれます。

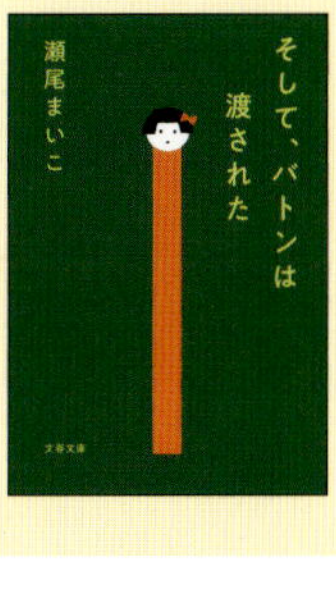

『そして、バトンは渡された』

作：瀬尾《せお》まいこ

文春文庫

考えてみよう ?

昨日の晩《ばん》ごはんや、今朝の朝ごはんは何を食べましたか？ また、それをつくってくれたのは、だれでしょうか？ 毎回の食事に感謝《かんしゃ》をして食べてみましょう。

人生はチョコレートの箱みたい。食べるまで中身はわからない。

『フォレスト・ガンプ 一《いち》期《ご》一《いち》会《え》』
フォレストの母

何事もやってみないとわからない まずはチャレンジしてみよう

映画《えいが》『フォレスト・ガンプ 一期一会《いちごいちえ》』の主人公、フォレスト・ガンプは、純真《じゅんしん》で優《やさ》しい心の持ち主。彼《かれ》は、母親からいつもこう教えられてきました。

「人生はチョコレートの箱みたい。食べるまで中身はわからない」

チョコレート箱の中には、さまざまな種類のチョコレートが入っています。チョコレートは、人生のいろいろな選択肢《せんたくし》だと思ってみてください。たとえば習い事、クラブ活動、委員会、進学先……さまざまなシーンで何を選ぶかはその人の自由ですが、選んだもの（チョコレート）が必ずしも好みの味とは限《かぎ》りません。どんな結果になるのかは、やってみないとわからないということです。

フォレストは、目の前の物事を素直《すなお》に受け入れ、いろいろな仕事を経験《けいけん》しながら、思いもよらない人生を歩みます。つらい経《けい》験《けん》もしますが、教えられたこと、あたえられた仕事にひたむきに向き合い、いつしかたくさんの成功を手にしました。

あまいときもあれば苦いときもある人生のチョコレート。でも選んだからには、じっくり味わってみましょう。ちょっとかじっただけで口から出してしまったら、本当のおいしさはわからないものです。

▲フォレストは、フットボール選手、軍隊、卓球《たっきゅう》選手、エビつり船の船長など、さまざまな仕事をしながら、人生をかけぬけていきます。

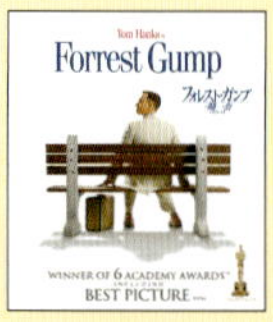

『フォレスト・ガンプ 一期一会』
監督《かんとく》：ロバート・ゼメキス
出演《しゅつえん》：トム・ハンクス ほか
発売元：NBCユニバーサル・エンターテイメント

言葉のちえ ！

日本版《にほんばん》のタイトルについている「一期一会」という言葉は、茶道の教えからきています。「一生に一度の出会いを大切にする」という意味です。

いちばんいけないのは、お腹《なか》がすいていることと、1人でいることだから。

『サマーウォーズ』栄《さかえ》おばあちゃん

▲ふさぎこみそうなときこそ、たくさんごはんを食べて、だれかといること。栄おばあちゃんの言葉は、たくさんの強さをくれます。

ピンチのときほど いつもどおりに過《す》ごすこと

つらいことや悲しいことがあったとき、食欲《しょくよく》がなかったり、1人になりたいと思ったりすることはありませんか？ でも、そんなときこそ、いつもどおりにごはんを食べ、家族や友だちと過《す》ごしましょう。

これは、アニメーション映画《えいが》『サマーウォーズ』に出てくる栄《さかえ》おばあちゃんが、家族にあてたメッセージ。栄おばあちゃんは室町時代から続く一族の当主。誕生日《たんじょうび》を前に一族が集まるなか、インターネット上の仮想《かそう》空間〝OZ《オズ》〟が人工知能《ちのう》に乗っ取られる事件《じけん》が起きます。主人公の健二《けんじ》と栄おばあちゃんの一族は、人工知能《ちのう》の暴走《ぼうそう》を止めようとしますが、追いつめられピンチに。そんなとき栄おばあちゃんの言葉がみんなを救《すく》います。

「つらいときや苦しいときがあっても、いつもと変わらず、家族みんなそろってごはんを食べること。いちばんいけないのは、お腹《なか》がすいていることと、1人でいることだから」

お腹《なか》がすいていたらパワーが出ません。1人でいたら暗い気持ちに支配《しはい》されてしまいます。どんなに進んだ世の中になろうと、大切なのは、安心できるだれかといること。そんな時間の大切さを、栄おばあちゃんは教えてくれます。

『サマーウォーズ』
監督《かんとく》：細田《ほそだ》 守《まもる》
声：神木《かみき》隆之介《りゅうのすけ》 ほか
発売元：バップ

学びを深める

『サマーウォーズ』の映画《えいが》のキャッチコピーは、"「つながり」こそが、ボクらの武器《ぶき》。"
SNS《エスエヌエス》が発達した今の時代においても、大切にしたい言葉です。

お前にできねェ事はおれがやる おれにできねェ事をお前がやれ!!!

サンジ

『ONE PIECE《ワンピース》』第43巻《かん》

助け合える仲間がいれば何倍もの力になる

もし学校の先生に「花だんをつくって」とお願いをされたら、何から始めますか。場所を考え、土を用意して、道具を準備《じゅんび》する……。やることが多くて大変そう。そう思った人は、すべて自分ひとりで作業をするつもりだったのではないでしょうか。大変なことなら、いっしょにつくる仲間を探《さが》すことから始めてみてはどうでしょう。

「海賊王《かいぞくおう》になる」と大きな目標をいだいて海に出た主人公のルフィが、最初にしたのは仲間探《さが》しでした。ルフィはゴムのように体がのびる特しゅな能力《のうりょく》をもっていますが、何でもできるヒーローではありません。泳げないし、大きな船もつくれない、料理もできない、海賊《かいぞく》になるには足りないことだらけ。でもそこであきらめたりはしません。だったらできる人を探《さが》そう！　と、どんどん仲間を増《ふ》やしていくのです。

人は万能《ばんのう》ではありません。できないことはだれかにたよってもいいのです。でも、たよりっぱなしでもいけません。

ルフィの仲間のひとりであるサンジは、敵《てき》にやられそうになっている仲間のウソップの助けに入るとき、ただ助けるのではなく「お前にできねェ事はおれがやる　おれにできねェ事をお前がやれ!!!」と声を上げます。自分が仲間の一員として役に立てる

▲強敵《きょうてき》を前に絶体絶命《ぜったいぜつめい》のウソップの前に現《あらわ》れたサンジ。追いつめられているからこそ、冷静に状《じょう》きょうを読めと言います。

▲敵《てき》の相手は自分が引き受けるというサンジは、同時にウソップにこう伝えました。

ことは何だ!? そう必死で考えたウソップは、最後の最後に得意技《とくいわざ》でほかの仲間のピンチを救《すく》うことができたのです。

あなたにもできることは必ずあります。自分の役割《やくわり》は何か、足りないものは何かを考えてみましょう。それぞれ得意《とくい》分野を発揮《はっき》できる仲間が集まれば、より大きなことができるようになります。花だんだって、ひとりでつくるよりも、ずっとすてきなものが完成すると思いませんか。

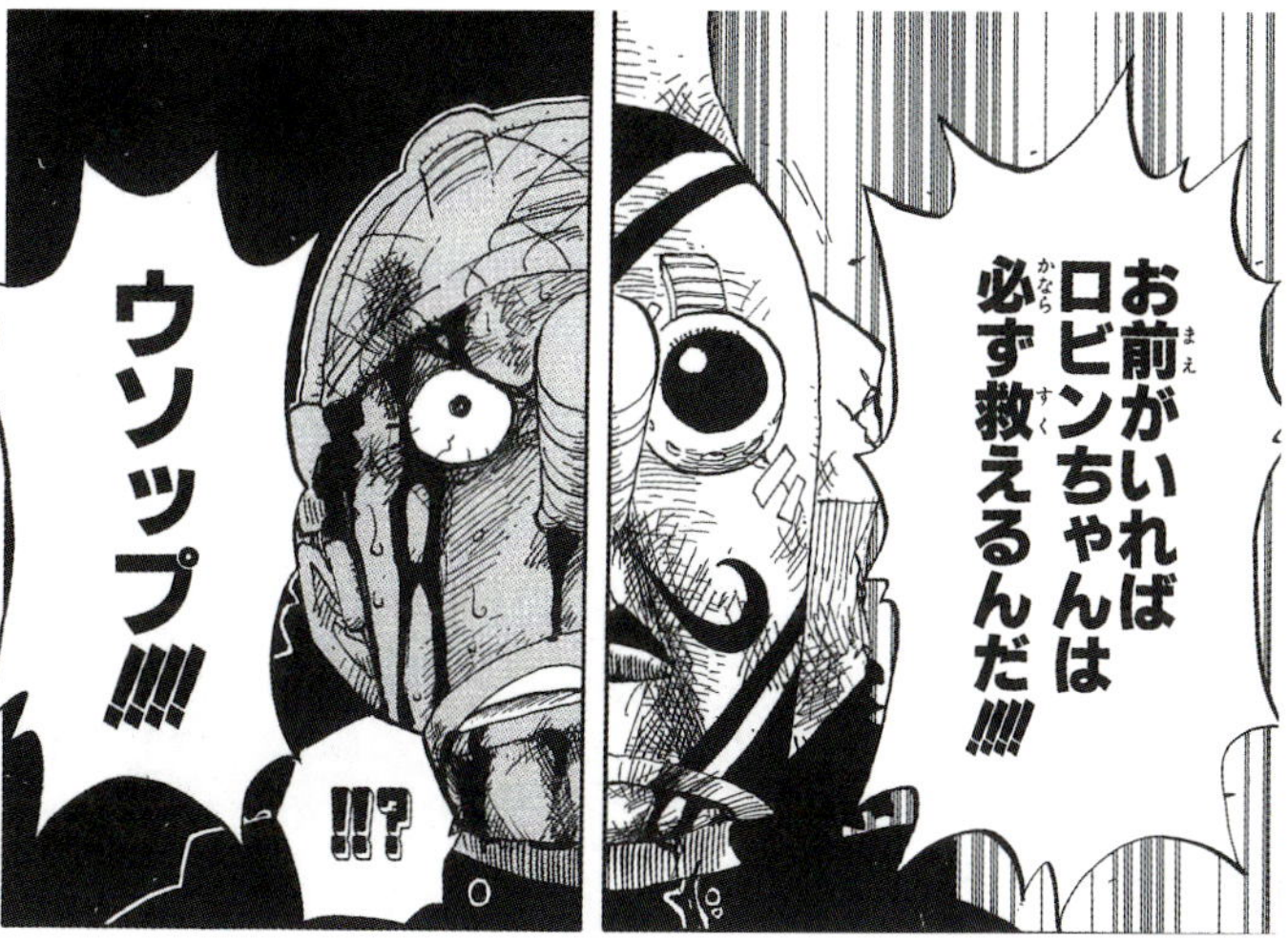

▲自分は弱くてみんなの役には立てない。そう思っていたウソップですが、サンジの言葉を聞き、自分のすべきことを考えるのでした。

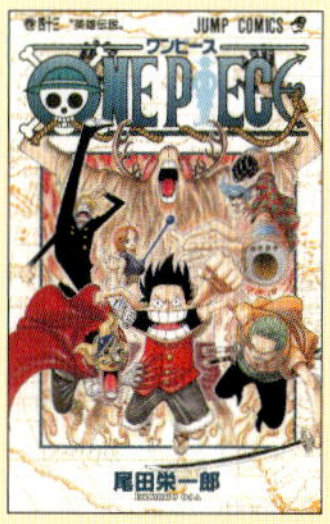

『ONE PIECE』
作：尾田栄一郎《おだえいいちろう》
集英社

幼《おさな》いころ悪魔《あくま》の実を食べゴム人間になった少年ルフィは、大海賊《だいかいぞく》シャンクスにあこがれ、海賊王《かいぞくおう》になることを決意。仲間を増《ふ》やしながら〝ひとつなぎの大秘宝《だいひほう》（ワンピース）〟を求め冒険《ぼうけん》を続ける。

もっと知りたい

『ONE PIECE』の名言

1 おれは助けてもらわねェと生きていけねェ自信がある!!!（ルフィ）

2 失った物ばかり数えるな!!! ──お前にまだ残っておるものは何じゃ!!!（ジンベエ）

❶敵《てき》から「てめェに何ができる!!」と言われたとき、ルフィが返した言葉。仲間を信らいしているからこそ、言えるひと言。
❷大切な人を守りきれず、やけくそになったルフィに向けたジンベエのひと言。これでルフィは、自分にはまだ大切な仲間がいることを思い出すのでした。

考えてみよう ?

自分にはできない、難《むずか》しいと感じたとき、はずかしがらずに人に助けを求めることはできますか？ そして助けてもらったあと、何をすべきか考えてみましょう。

パディントンは だれにでもいい部分を見つける。 だからだれとでも友だちになれる。

『パディントン2』 ヘンリー

わけへだてなく 人を見ることの大切さ

パディントンは、人の言葉を話すクマ。ロンドンでぐうぜん出会ったブラウンさん一家と暮《く》らしています。おっちょこちょいですが親切で礼ぎ正しく、どんなときも感《かん》謝《しゃ》を忘《わす》れないパディントンは、街のみんなの人気者です。

そんなある日、とある事件《じけん》に巻《ま》きこまれ、たいほされてしまったパディントン。ブラウン家は彼《かれ》の無実を証明《しょうめい》しようとしますが、パディントンのことをクマだというだけできらう隣人《りんじん》のカリーは「やっぱりあいつは危険《きけん》だ！」とさわぎ立てます。そのとき、ブラウン家の父・ヘンリーは、いつも偏見《へんけん》をもって物事に接《せっ》するカリーへこう言いました。

「パディントンはだれにでもいい部分を見つける。だからだれとでも友だちになれる」

みなさんも、見た目のイメージやうわさなどから、だれかに対して偏見《へんけん》をもってしまうことはありませんか？　でもパディントンは、どんな人でもつぶらなひとみでまっすぐ見つめ、その人自身を見ようとします。だから、多くの人から愛されるのです。だれかと仲よくなりたいと思うなら、彼《かれ》のように、自分からまっすぐ人に向き合うこと。それが、仲よくなる近道です。

▲たいほされて刑務所《けいむしょ》に入ったパディントンですが、ここでもみんなのハートをつかみ、たくさんの友だちができました。

『パディントン2』
監督《かんとく》：ポール・キング
出演《しゅつえん》：ヒュー・ボネヴィル ほか
発売元：キノフィルムズ／木下グループ
販売元《はんばいもと》：ポニーキャニオン

考えてみよう ？ クラスメイトや習い事の仲間など、あなたの身の回りの人たちには、どんないいところがあるでしょうか？　思いうかんだことを本人にも伝えてみましょう。

より道名言

口に出してみたい
名言英語フレーズ

世界にはさまざまな名言がありますが、ここでは、原文の英語のままで、口に出してみたい言葉を集めました。
意味を理解《りかい》して、ぜひ使いこなしてみてください。

映画《えいが》に出てきたフレーズ

「Don't《ドント》 think《シンク》. Feel《フィール》 !
（考えるな。 感じろ）」
——リー『燃《も》えよドラゴン』
監督《かんとく》：ロバート・クローズ（ワーナー・ブラザース）

主人公のリーが、弟子にカンフーを教えているときに言ったセリフ。頭で考えるのではなく、直感を大切にしなさいという意味です。

「I'll《アイル》 be《ビー》 back《バック》（また来る）」
——ターミネーター（T-800）『ターミネーター』
監督《かんとく》：ジェームズ・キャメロン（ワーナー・ブラザース）

『ターミネーター』の有名なセリフのひとつです。去り際《ぎわ》など、もどって来ることを約束するときに言ってみたいひと言。

歴史上《れきしじょう》の有名フレーズ

「I《アイ》 have《ハブ》 a《ア》 dream《ドリーム》
（私《わたし》には夢《ゆめ》がある）」
——マーティン・ルーサー・キング・ジュニア（牧師《ぼくし》）

1963年にアメリカのキング牧師《ぼくし》が行った、歴史的《れきしてき》なスピーチの一節。人種差別を終わらせることが夢《ゆめ》だとうったえたこの演説《えんぜつ》は、時代をこえて語りつがれています。

「Boys《ボーイズ》, be《ビー》 ambitious《アンビシャス》 !
（少年よ、 大志《たいし》をいだけ）」
——ウィリアム・スミス・クラーク（教育者）

明治時代に北海道の札幌《さっぽろ》農学校（現《げん》・北海道大学）の初代教頭としてまねかれたクラーク博士《はかせ》が、教え子たちとの別れの日に言ったとされる有名な言葉。大きな志《こころざし》をもちなさい、という意味です。

使ってみたいフレーズ

「One《ワン》 for《フォー》 all《オール》, All《オール》 for《フォー》 one《ワン》
（ひとりはみんなのために、 みんなはひとりのために）」

ラグビーのチームプレイの精神《せいしん》を表す言葉として有名なフレーズ。もとはフランスの小説『三銃士《さんじゅうし》』に出てくる言葉だといわれます。

「Never《ネバー》 give《ギブ》 up《アップ》
（絶対《ぜったい》にあきらめない）」

逆境《ぎゃっきょう》や困難《こんなん》な場面で、あきらめない気持ちを表した英語。何かに挑《いど》むときなどの目標にぴったりです。

どんな詩か全部知ってる？

とある一節が有名な詩

とある一節がよく知られている詩。みなさんは、その内容《ないよう》を全部知っていますか？
全文を読んでみると、少し印象《いんしょう》が変わったり、もっと素敵《すてき》に感じたりするかもしれません。

どうして一節が有名に？

これらの詩の有名なフレーズは、知っている人も多いのではないでしょうか。名言や好きな言葉としてしょうかいされたり、キャッチコピーに使われたりして、目にする機会が多い一節です。

ただ、この一部分だけで、その詩を知ったつもりになってはいませんか？ 作者のメッセージや思いは、詩の全文を知ることで、初めて伝わるもの。素《す》敵《てき》な詩の一節に出合ったときは、ぜひ全文を読んでみて、その作者のことや、詩が生まれた背景《はいけい》についても調べてみてください。

初めて全部を読んだ詩もある！
学校で習ったことがある詩もあるのではないですかな？

「雨ニモマケズ」

宮沢賢治《みやざわけんじ》

有名なフレーズ

雨ニモマケズ
風ニモマケズ
雪ニモ夏ノ暑サニモマケヌ
丈夫《じょうぶ》ナカラダヲモチ
慾《よく》ハナク
決シテ瞋《いか》ラズ
イツモシヅ《（ズ）》カニワラッテヰ《（イ）》ル
一日ニ玄米《げんまい》四合ト
味噌《みそ》ト少シノ野菜ヲタベ
アラユルコトヲ
ジブンヲカンジョウニ入レズニ
ヨクミキキシワカリ
ソシテワスレズ
野原ノ松ノ林ノ蔭《かげ》ノ
小サナ萓《かや》ブキノ小屋ニヰ《（イ）》テ
東ニ病気ノコドモアレバ
行ッテ看病《かんびょう》シテヤリ
西ニツカレタ母アレバ
行ッテソノ稲《いね》ノ束《たば》ヲ負ヒ《（イ）》
南ニ死ニサウ《（ソウ）》ナ人アレバ
行ッテコハ《（ワ）》ガラナクテモイヽ《（イ）》トイヒ《（イ）》

「汚《よご》れつちまつた悲しみに……」

中原中也《なかはらちゅうや》

有名なフレーズ

汚《よご》れつちまつた悲しみに
今日も小雪の降《ふ》りかかる
汚《よご》れつちまつた悲しみに
今日も風さへ吹《ふ》きすぎる

汚《よご》れつちまつた悲しみは
たとへば狐《きつね》の革裘《かはごろも》
汚《よご》れつちまつた悲しみは
小雪のかかつてちぢこまる

汚《よご》れつちまつた悲しみは
なにのぞむなくねがふなく
汚《よご》れつちまつた悲しみは
倦怠《けだい》のうちに死を夢《ゆめ》む

汚《よご》れつちまつた悲しみに
いたいたしくも怖気《おぢけ》づき
汚《よご》れつちまつた悲しみに
なすところもなく日は暮《く》れる……

『汚《よご》れつちまつた悲しみに…… 中原中也詩集』（角川文庫）より

「私《わたし》と小鳥と鈴《すず》と」

金子みすゞ

私《わたし》が両手をひろげても、
お空はちっとも飛べないが、
飛べる小鳥は私《わたし》のように、
地面《じべた》を速くは走れない。

私《わたし》がからだをゆすっても、
きれいな音は出ないけど、
あの鳴る鈴《すず》は私《わたし》のように、
たくさんな唄《うた》は知らないよ。

有名なフレーズ

鈴《すず》と、小鳥と、それから私《わたし》、
みんなちがって、みんないい。

『金子みすゞ童謡全集《どうようぜんしゅう》』（JULA出版局）より

北ニケンクヮ（カ）ヤソショウガアレバ
ツマラナイカラヤメロトイヒ（イ）
ヒドリノトキハナミダヲナガシ
サムサノナツハオロオロアルキ
ミンナニデクノボートヨバレ
ホメラレモセズ
クニモサレズ
サウイフ（ソウイウ）モノニ
ワタシハナリタイ

『宮沢賢治詩集』（岩波文庫）より

「道程《どうてい》」

高村光太郎《たかむらこうたろう》

有名なフレーズ

僕《ぼく》の前に道はない
僕《ぼく》の後ろに道は出来る
ああ、自然よ
父よ
僕《ぼく》を一人立ちにさせた広大な父よ
僕《ぼく》から目を離《はな》さないで守る事をせよ
常に父の氣魄《きはく》を僕《ぼく》に充《み》たせよ
この遠い道程のため
この遠い道程のため

『高村光太郎詩集』（岩波文庫）より

人が作ったものは人が変えていいんだと思います。その時の最善《さいぜん》の判断《はんだん》で変えていいんだと思います。だって人は間違《まちが》うから。

『ミステリと言《い》う勿《なか》れ』第3巻《かん》
久能整《くのうととのう》

それは何のためのだれのための決まり事?

学校の校則《こうそく》、交通のルール、地域《ちいき》のしきたり、世の中にはたくさんの〝決まり事〟があります。決まりはみんなで気持ちよく暮《く》らすために必要なものですが、なかには、なぜこんな決まりがあるのだろうと疑《ぎ》問《もん》に思うものもあるでしょう。その「なぜ」という視点《してん》はとても大切です。

まんがが『ミステリと言《い》う勿《なか》れ』の主人公、久能整《くのうととのう》は、常《つね》に「なぜ」と問う人です。あるとき整は、遺産《いさん》相続争いに巻《ま》きこまれます。その家には、昔から受けつがれているしきたりがたくさんありました。

相続争いが進むなか、一族のひとりである理紀之助《りきのすけ》は、しきたりを守り、自分が遺《い》産《さん》を多く受けつぐためには、今の恋人《こいびと》とは別れるべきだと母親から言われます。そんな理紀之助に対して、整は言いました。

「しきたりとかルールとか伝統《でんとう》とか それって天から降《ふ》ってきたわけじゃないんで

——人が作ったものは人が変えていいんだと思います。その時の最善《さいぜん》の判断《はんだん》で変えていいんだと思います。だって人は間違《まちが》うから」

世の中は常《つね》に変わっていきます。ルールやしきたりは、神様がつくった絶対的《ぜったいてき》なものではなく、その当時のだれかの都合で決められたもの。だから損《そん》をする人が出てく

▲「僕《ぼく》は常々《つねづね》思ってるんですけど…」と話し始めた整《ととのう》。

ることもあれば、時代によって合わなくなってくるものもあります。そのゆがみに気づき、修正《しゅうせい》していくことが絶対《ぜったい》必要なのです。

みなさんもきっと、生きていくなかでたくさんの「なぜ？」に出合うでしょう。いつまでもその視点《してん》をもち続けてください。「みんながそうしているから」「それが常識《じょうしき》だから」と片付《かたづ》けず、整のように自分で考え、自分の答えを見つけることが大切なのです。

▲理紀之助《りきのすけ》に語りかける整《ととのう》。その言葉からは、自分で最善《さいぜん》を判断《はんだん》することの大切さも教えられます。

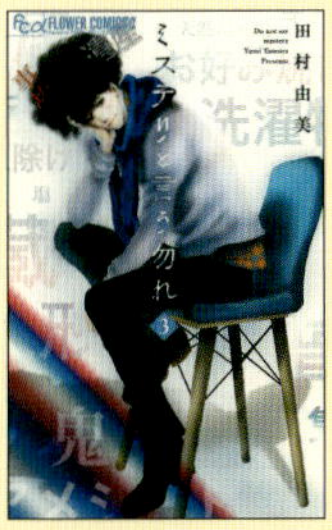

『ミステリと言う勿れ』
作：田村由美《たむらゆみ》
小学館

天然パーマの大学生・久能整《くのうととのう》は、優《すぐ》れた記おく力と観察眼《かんさつがん》の持ち主。何かと事件に巻《ま》きこまれては「僕《ぼく》は常々《つねづね》思うんですが…」とするどい意見を語り、人々《ひとびと》の心をほぐし、真意にせまりながら、事件《じけん》を解決《かいけつ》に導《みちび》いていく。

もっと知りたい 『ミステリと言う勿れ』の名言

1 弱くて当たり前だと誰《だれ》もが思えたらいい

2 下手だと思った時こそ伸《の》び時です

❶事件《じけん》に巻《ま》きこまれた少女にカウンセリングをすすめたときの整の言葉。弱さは、はずかしいことではないのだと教えられます。
❷自分は絵が下手だからあきらめたという言葉を聞き、下手だと気づくのは上達してきた証《あかし》だと整は言いました。

考えてみよう
しきたりやルールを変えてもいいときとは、どんなときでしょうか。また、どんなことがあっても絶対《ぜったい》に守るべきルールとは、どんなものだと思いますか。

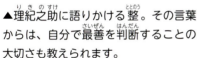

平和で笑顔の絶《た》えない未来を、一生懸命《けんめい》生きてくれ。

『あの花《はな》が咲《さ》く丘《おか》で、君《きみ》とまた出会《であ》えたら。』

佐《さ》久《く》間《ま》彰《あきら》

当たり前に明日がくる それはとても幸せな日常《にちじょう》

ごはんを食べて、学校へ行って、勉強をして、友だちと遊んで、ぐっすりねむり、そしてまた同じような明日がやってくる。私《わたし》たちが何気なく送っている毎日は、実は特別なものなのかもしれません。

映画《えいが》『あの花《はな》が咲《さ》く丘《おか》で、君《きみ》とまた出会《であ》えたら。』は、現代《げんだい》の女子高校生、百合《ゆり》が、1945年（昭和20年）の日本にタイムスリップしてしまう物語。戦時中の日本で百合が出会ったのは、同じ年代の特こう隊員たちでした。

特こう隊員とは特別こうげき隊のこと。爆弾《ばくだん》をつんだ飛行機を操縦《そうじゅう》し、そのまま敵《てき》の戦艦《せんかん》に体当たりするのが任務《にんむ》です。彼《かれ》らは日本を守るために命をはることを誇《ほこ》りに思い、周りはそんな彼《かれ》らを「神」とたたえます。百合が「そんなの変だ、まちがっている」と思ったように、今の常識《じょうしき》とはかけはなれた世界。でもこれは決して異世界《いせかい》の話ではありません。

かつて日本が行った戦争では、たくさんの兵士《へいし》が命を落としました。そして今も海外では戦争が続いています。映画《えいが》のなかで特こう隊員の彰《あきら》が百合に残した手紙の一文、「平和で笑顔の絶《た》えない未来を、一生懸《けん》命《めい》生きてくれ」というメッセージは、現実《げんじつ》でも多くの兵士《へいし》が願ったことでしょう。平和な日常《にちじょう》を夢《ゆめ》見てもかなわず、未来へたくすしかなかった想い。そんな想いの先に私《わたし》たちの生活があること、そして今なお、戦いの最中で平和な日常《にちじょう》を夢《ゆめ》見る人々《ひとびと》がいることを忘《わす》れてはいけないのです。

あの花が咲く丘で、君とまた出会えたら。

『あの花が咲く丘で、君とまた出会えたら。』

監督《かんとく》：成田洋一《なりたよういち》
出演《しゅつえん》：福原 遥《ふくはらはるか》、水上恒司《みずかみこうし》 ほか
発売・販売元《はんばいもと》：松竹

※2024年9月時点の情報です

学びを深める

終戦間近の1945年（昭和20年）、8月6日に広島、8月9日には長崎に原子爆弾《ばくだん》が投下され、年末までに広島でおよそ14万人、長崎でおよそ7万人が亡《な》くなりました。

心で見なくちゃ、ものごとはよく見えないってことさ。かんじんなことは、目に見えないんだよ

『星《ほし》の王子《おうじ》さま』

キツネ

世の中はたくさんの〝大切なもの〟であふれている

あなたの大切なものは何ですか？　子どものうちはすぐに答えられても、大人になるにつれて、なやんでしまう質問《しつもん》かもしれませんね。小説『星の王子さま』では「本当に大切なものは目には見えない」という言葉がよく出てきます。目に見えないから「心で見なくちゃ」というのです。「心で見る」とはどういうことなのでしょうか。

王子さまが住んでいた小さな星には、たった一輪のバラがあり、王子さまはその美しいバラを大切に守っていました。しかし地球に来てたくさんバラの花を発見したとき、王子さまはショックを受けます。〝ぼくのバラは特別なものではなかったんだ〟と。

でも、本当にそうでしょうか。ほかの人から見れば、地球のバラも王子さまの星のバラも同じバラ。でも王子さまが水をやり、風や寒さから守り、いっしょに過《す》ごしたバラは、星に残してきた一輪のバラだけなのです。王子さまにとっては、ほかとはちがう、特別で大切なバラなのです。

子どものころは、このバラのような〝特別なもの〟をたくさん見つけることができます。はじめて使ったえんぴつ、ぐうぜん見つけたきれいな石、友だちに折ってもらった折り紙。心の目で見れば、世界は大切なものであふれていることに気づくでしょう。もし、いつしかただの〝もの〟に見えてしまう日が来たとしても、それはだれかにとっては大切な何かであるかもしれないことを忘《わす》れないようにしたいですね。

『星の王子さま』

作：サン＝テグジュペリ
訳《やく》：内藤《ないとう》 濯《あろう》
岩波文庫

学びを深める

『星の王子さま』の作者、サン＝テグジュペリは、フランスの小説家であり、パイロットでもあります。『星の王子さま』は200以上の国と地域《ちいき》でほん訳《やく》され、世界中で愛されています。

よく動き　よく学び　よく遊び　よく食べて　よく休む　これが亀仙流《かめせんりゅう》の修業《しゅぎょう》じゃ

『DRAGON《ドラゴン》 BALL《ボール》』第3巻《かん》
亀仙人《かめせんにん》

体と心が健《すこ》やかなら　どんな困難《こんなん》も乗りこえられる

勉強でもスポーツでも趣味《しゅみ》でも、強くなりたい、上達したいと思ったとき、あなたなら何をしますか。

まんがが『ドラゴンボール』の主人公、孫《そん》悟空《ごくう》は、天下一武道会を前に、もっと強くなるために武術《ぶじゅつ》の達人である亀仙人《かめせんにん》をたずねました。ところが亀仙人が行う修業《しゅぎょう》は、牛乳《ぎゅうにゅう》配達に畑仕事、勉強にお昼寝《ひるね》、工事の手伝いに水泳。武術《ぶじゅつ》の技《わざ》は教えてくれません。「よく動き　よく学び　よく遊び　よく食べて　よく休む　これが亀仙《かめせん》流《りゅう》の修業《しゅぎょう》」なのだと言います。しかし、この修業《しゅぎょう》を8か月続けた後、悟空は修業前《しゅぎょうまえ》とは見ちがえるほど強くなっていました。

亀仙流の修業《しゅぎょう》は、強さの源《みなもと》をつくること。それに必要なのは、健康な体と健康な心です。特に心が元気でなければ、存分《ぞんぶん》に力を発揮《はっき》することはできません。目標のために切羽《せっぱ》つまってがんばりすぎてしまうと、体や心をこわしてしまうことがあります。だから、「よく動き　よく学び　よく遊び　よく食べて　よく休む」。この5つを基本《きほん》にして取り組むことが大切なのです。どんなにきつい練習でも、楽しいと思えれば続けられるもの。楽しむためには、きちんと休むことです。せっかく上達したいと思える何かが見つかったのなら、亀仙流の修業《しゅぎょう》を取り入れ、健康に楽しく、がんばりましょう。

▶亀仙人《かめせんにん》のもとで修業《しゅぎょう》に取り組む悟空《ごくう》とクリリン。しっかり休むことも修業《しゅぎょう》のひとつなのです。

『DRAGON BALL』
作：鳥山《とりやま》 明《あきら》
集英社

学びを深める
『DRAGON《ドラゴン》 BALL《ボール》』は、どんな願いもひとつだけかなえられるという秘宝《ひほう》・ドラゴンボールをめぐる冒険《ぼうけん》の物語。世界中で大人気の日本を代表するまんが・アニメ作品です。

いけないよ どんなに悔《くや》しくても 礼を大事にしなさい

『ちはやふる』第8巻《かん》

原田《はらだ》先生

周りが見えると自分のことも見えてくる

私《わたし》たちは幼《おさな》いころからさまざまな場面で礼ぎを教わります。礼ぎを大切にするのは人のためだけではなく、自分のためでもあるということに気づいているでしょうか。

高校生たちが競技《きょうぎ》かるたに挑《いど》むまんが『ちはやふる』でも、礼ぎの大切さがわかるシーンがあります。主人公の千早《ちはや》は、無《む》我《が》夢《む》中《ちゅう》で戦った試合に負けたとき、くやしい気持ちをおさえられずにその場からにげ出してしまいます。そんな千早に師匠《ししょう》である原田《はらだ》先生は言いました。「どんなに悔《くや》しくても礼を大事にしなさい」。そのとき千早は、試合後に礼をしていなかったことに初めて気がつきます。周りを見るよゆうがなくなっていたこと、それだけ自分が未《み》熟《じゅく》であることを自覚した瞬間《しゅんかん》でした。

▲原田《はらだ》先生の言葉で、千早《ちはや》は勝負を挑《いど》むうえでの大切なことに気づかされます。

競技《きょうぎ》かるたは、礼に始まり、礼に終わるスポーツです。ケンカではない、スポーツだからこそ、相手に敬意《けいい》をはらうことが重視《じゅうし》されます。また、競技《きょうぎ》かるたに限《かぎ》らず、試合や勝負は相手がいなければ成立しません。だから、負けてくやしいときでも、勝ってうれしいときでも、戦ってくれた相手への礼ぎを忘《わす》れてはならないのです。それが自分の気持ちのコントロールにもつながり、技術《ぎじゅつ》や能力《のうりょく》だけでなく、あなた自身の心も成長させてくれるはずです。

『ちはやふる』

作：末次由紀《すえつぐゆき》

講談社

学びを深める

『ちはやふる』でもえがかれる全国高等学校かるた選手権《せんしゅけん》大会は、実在《じつざい》する大会です。毎年7月に滋賀県大津市《おおつし》の近江《おうみ》神宮で行われ、日本一を目指して全国から選手が集まります。

心の中がのぞけたら みんなもふつうじゃないと思う。だれだって一生に一度は賞賛《しょうさん》されるべきだ。

『ワンダー 君《きみ》は太陽《たいよう》』
オギー

ふつうの人なんていない だれもが特別な存在《そんざい》だから

映画《えいが》『ワンダー 君《きみ》は太陽《たいよう》』の主人公・オギーは、遺伝子《いでんし》の病気で人とはちがう顔をもって生まれた男の子。27回もの顔の手術《しゅじゅつ》のせいで、幼《おさな》いころから母のイザベルと自宅《じたく》学習をしていましたが、小学5年生になり、初めて学校に通うことになります。

みんなと仲よくしたいのに、最初は周りからさけられたり、からかわれたりしてつらい思いをするオギー。でも、彼《かれ》の優《やさ》しさや強さ、人としての魅力《みりょく》が、クラスメイトたちの心を変えていきます。

そして1年が経《た》った5年生の修《しゅう》りょう式の日、ある出来事がオギーを待ち受けていました。そのとき、オギーが心のなかでつぶやいたのがこの言葉です。

「心の中がのぞけたらみんなもふつうじゃないと思う。だれだって一生に一度は賞賛《しょうさん》されるべきだ」

オギーは、「自分はふつうじゃない」と思っていました。ふつうではない顔をしているから変な目で見られ、ばかにされる。ふつうではないからこんなにつらい思いをするんだ。でも、学校に通い始め、いろいろな人と接《せっ》するなかで、「みんなもふつうじゃない」と気がつきます。

▲オギーの魅力《みりょく》に気がつき、友だちになろうとするクラスメイトがひとり、ふたりと増《ふ》えていくのでした。

一人ひとりを見れば、それぞれにちがった問題やなやみをかかえて生きています。オギーのお母さんやお父さん、お姉ちゃん、仲よくなった友だち、オギーをさけていた同級生だって、みんなそれぞれになやみ、考え、自分の答えを出そうとがんばっています。そしてそれは、この物語のなかだけの話ではありません。私《わたし》たちが生きる世界だって、みんなそうなのです。

大きな評価《ひょうか》をもらったり、いい成績《せいせき》を残したりしなくても、だれもが賞賛《しょうさん》されるべきだという、オギーの言葉は、一人ひとりが特別な存在《そんざい》で、だれもが人生の主人公なのだと教えてくれます。

『ワンダー 君は太陽』

監督《かんとく》：スティーヴン・チョボスキー
出演《しゅつえん》：ジュリア・ロバーツ ほか
発売元：キノフィルムズ／木下グループ
販売元《はんばいもと》：ハピネット・メディアマーケティング

人とはちがう外見をもって生まれたオギーは、５年生になるタイミングで初めて学校に通うこうとに。偏見《へんけん》に苦しみながらも成長していくオギーと、オギーを支《ささ》える家族の物語。

もっと知りたい
ワンダー 君は太陽の名言

心は人の未来を示《しめ》す地図で
顔は人の過去《かこ》を示《しめ》す地図なの
あなたは絶対《ぜったい》にみにくくないわ（イザベル）

学校でからかわれ、「なぜぼくはみにくいの？」と泣きながらうったえるオギーに母のイザベルがかけた言葉。きれいな心をもつオギーには、必ず美しい未来が待っているという愛にあふれたメッセージ。

読んでみよう

『Wonder ワンダー』
作：R・J・パラシオ　訳《やく》：中井《なかい》はるの
（ほるぷ出版）

映画《えいが》『ワンダー 君は太陽』の原作小説で、全世界で800万部を突破《とっぱ》した感動作。映画《えいが》同様、さまざまな名言が登場します。

知りたい！

映画《えいが》の名言

たくさん！ 名言とともにしょうかいします。

道だと？ これから行く所に道は要《い》らん。

――ドク／映画《えいが》『バック・トゥ・ザ・フューチャー』

監督《かんとく》：ロバート・ゼメキス （NBCユニバーサル・エンターテイメント）

親友の科学者ドクが発明したタイムマシンで30年前にタイムスリップし、大冒険《だいぼうけん》をくり広げた主人公の高校生・マーティ。これはラストシーンで、ドクがマーティへかけた言葉です。道は自分で切り開くものだというメッセージにも聞こえる名シーン。

倒《たお》れねーってのは クソ強《つえ》ェだろ

――爆豪勝己《ばくごうかつき》

まんが『僕《ぼく》のヒーローアカデミア』 第15巻《かん》

作：堀越耕平《ほりこしこうへい》（集英社）

『僕のヒーローアカデミア』は、プロのヒーローを目指す高校生たちの物語。登場人物のひとりである切島《きりしま》は、強い技《わざ》がないものの、とにかくたおれません。友人の爆豪《ばくごう》にその強みを指てきされた彼《かれ》は、強敵《きょうてき》との戦いの最中にこの言葉を思い出し、ピンチを乗りこえるのでした。

善《い》いも悪いも、考え方ひとつだからな。

――ハムレット／小説『ハムレット』

作：シェイクスピア 訳《やく》：野島秀勝《のじまひでかつ》（岩波書店）

実の叔父《おじ》の手によって、父親を失ってしまう王子・ハムレット。この言葉は、人生に苦しみを感じる彼《かれ》が、ふたりの友人と話すシーンに出てきます。物事をどう見るか、受け取り方は人それぞれだと語っています。

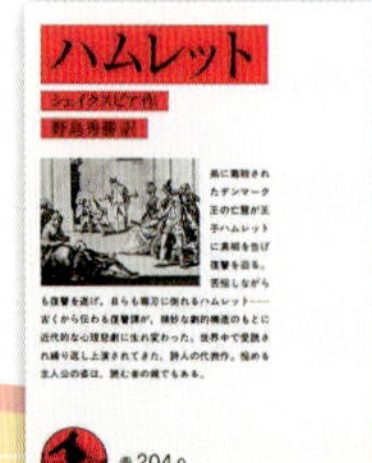

あたし、心配なんてしてないわ。心配はおきたときにすればいいのよ。

――キキ／小説『魔女《まじょ》の宅急便《たっきゅうびん》』 作：角野栄子《かどのえいこ》（福音館書店）

ある日、13歳《さい》の新米魔女《まじょ》・キキは、ひとり立ちの旅に出ることを決意します。あいぼうの黒猫《くろねこ》・ジジはキキを心配しますが、彼女《かのじょ》は自信たっぷりにこう答えました。何事もおそれずに挑戦《ちょうせん》する、キキらしい前向きな言葉です。

プレッシャーがあるってことは、受かる自信があるってことだ。

――坪田《つぼた》先生／映画《えいが》『ビリギャル』 監督《かんとく》：土井裕泰《どいのぶひろ》（東宝）

学年ビリの成績《せいせき》をもつ高校生・工藤《くどう》さやかは、じゅく講師《こうし》の坪田《つぼた》先生とともに名門大学への現役合格《げんえきごうかく》を決意し、勉強を始めます。試験の前日、緊張《きんちょう》していたさやかに坪田先生がかけたこの言葉は、彼女《かのじょ》の心を強くはげましました。

恋《こい》が実るかどうかじゃない
君のこと大好きな奴《やつ》が
ここにいるよって伝えられれば
それでいいんだ

――西見薫《にしみかおる》／まんが『坂道《さかみち》のアポロン』第2巻《かん》
作：小玉《こだま》ユキ（小学館）

主人公の西見薫《にしみかおる》は、片思《かたおも》いの相手・迎律子《むかえりつこ》が失恋《しつれん》したことを知り、律子のためにピアノを演奏《えんそう》しようと考えます。自分の気持ちを伝えるより先に、彼女《かのじょ》を元気づけようとする薫の姿《すがた》から、「好き」のあり方は人それぞれでいいのだと気づかされます。

まあ好きなこと
するのも大事やけどな、
それと同じくらい大事なんは、
人がやりたがらんことでも
率先《そっせん》してやることや。

――ガネーシャ／小説『夢《ゆめ》をかなえるゾウ1』
作：水野敬也《みずのけいや》（文響社）

さえない主人公を成功にみちびくため、不思議なゾウの神様・ガネーシャは、彼《かれ》に「29の課題」を出します。6つ目の課題では、気の進まない物事ほど、積極的に取り組んだとき、達成感が生まれるのだと教えてくれました。

まだまだ
小説やまんが、
愛や勇気、希望をくれる物語は、まだまだ

茶化さなくてもいいよ
立派《りっぱ》な目標じゃん

――志摩聡介《しまそうすけ》／まんが『スキップとローファー』第2巻《かん》
作：高松美咲《たかまつみさき》（講談社）

主人公・岩倉美津未《いわくらみつみ》は、ある夢《ゆめ》をかなえるために上京した高校生。これは、明確《めいかく》な将来像《しょうらいぞう》があるものの、それをはずかしそうに話す美津未に、友人の志摩《しま》が返した言葉。自分の夢《ゆめ》や目標に自信がわく、印象的《いんしょうてき》なひと言です。

大事な仕事は、
人からは見えないほうがいいんだ。

――宗像草太《むなかたそうた》／映画《えいが》『すずめの戸《と》締《じ》まり』
監督《かんとく》：新海誠《しんかいまこと》（東宝）

人々《ひとびと》を災害《さいがい》から守る「閉《と》じ師《し》」という仕事をする青年・宗像草太《むなかたそうた》が、旅の道中で主人公・岩戸鈴芽《いわとすずめ》に語ったもの。たとえ人から評価《ひょうか》を受けなくても、その仕事をひたむきに続ける草太だからこそ、深く感じ取れる言葉です。

さみしいときは
自分から先に手を打たなきゃ。

――トニー／映画《えいが》『グリーンブック』
監督《かんとく》：ピーター・ファレリー（GAGA）

黒人ピアニストのドクとイタリア系《けい》白人のトニーが、旅のなかで友情《ゆうじょう》を深めていく物語。道中、疎遠《そえん》になっている兄に手紙を書くことをしぶるドクにトニーはこう言います。自分の気持ちに正直になることの大切さを教えられるのでした。

名言を使って
創作《そうさく》活動をしよう！

好きな名言を使って、創作《そうさく》活動に挑戦《ちょうせん》！　クイズやかるたをつくったり、しおりやポストカードをつくって、だれかにプレゼントしたりしてみましょう。

創作《そうさく》活動に用いる名言は、偉人《いじん》や有名人、物語などから生まれた言葉以外でもOKです。自分たちのオリジナルの名言を考え、それを題材にするのもおもしろいでしょう。

自分たちでクラスの標語をつくるのもいいかもね！

どんなものをつくる？

自分やだれかのためにアイテムをつくりたい！

おすすめ

- かべ紙
- ポストカード
- カレンダー
- コースター
- しおり

みんなで楽しめるものがつくりたい！

おすすめ

- クイズ
- かるた
- おみくじ

問題を出し合おう

名言クイズ

選んだ名言の一部をかくして、穴《あな》うめクイズをつくりましょう。このクイズの楽しみ方は、正解《せいかい》することではなく、自分ならどんな言葉にするだろうかと考えること！　意外な言葉が入る名言を選ぶと、盛《も》り上がりますよ。

例 問題

人を信じよ
しかしその百倍も
□を信じよ
手塚治虫《てづかおさむ》

画用紙やスケッチブックなどに名言を書いて、言葉の一部を空らんにします。上から紙をはってかくしてもOK。

答え

人を信じよ
しかしその百倍も
自ら を信じよ
手塚治虫《てづかおさむ》

問題のうらや次のページなどにかくした部分の言葉を書きます。

自分で考えた名言をクイズにするのも、おもしろそうだね！

一冊《いっさつ》にまとめてクイズブックにしてもいいですな！

名言クイズにチャレンジ！

次の空らんに入る言葉は何でしょうか？　みんなで考えてみましょう。

1. □を言うとストレスが少なくなる。（斎藤茂太《さいとうしげた》／精神科医《せいしんかい》）
2. 愛の反対は、にくしみではなく□である。（マザー・テレサ／修道女《しゅうどうじょ》）
3. 人生最大の罪《つみ》は□である。（ゲーテ／詩人・小説家）
4. 俺《おれ》の敵《てき》はだいたい□です。（南波六太《なんばむった》／まんが『宇宙兄弟《うちゅうきょうだい》』）

答えは次のページへ！

みんなで競《きそ》おう

名言かるた

読み札に名言を書き、取り札にイラストなどをかきます。取り札には、その名言を言った人やキャラクターのほか、イメージするシーンや景色などをデザインしてもOK。

取り札には、イラストをかいたり、写真をはったりしてみましょう。

り
理想をもち
信念に生きよ
織田信長《おだのぶなが》

り

読み札には、選んだ名言とその人物や作品名などを書きます。

つくり方

1. テーマを決める
▼
2. かるたの枚数《まいすう》を決める
▼
3. 言葉を集める
▼
4. 札をつくる

1 テーマを決める

かるたの内容《ないよう》は、好きな名言を選ぶだけでもいいですが、ジャンルやテーマを決めてみるのもおすすめです。

例

- 歴史上《れきしじょう》の人物の名言
- スポーツ選手の名言
- 物語の名言
- オリジナルの名言

テーマがあったほうが言葉を集めやすいかもね！

「元気が出る」などの言葉のテーマでもいいですな

クイズの答え

1. 「ありがとう」を言うとストレスが少なくなる。
2. 愛の反対は、にくしみではなく 無関心 である。
3. 人生最大の罪《つみ》は 不機嫌《ふきげん》 である。
4. 俺《おれ》の敵《てき》は だいたい 俺《おれ》 です。

2 かるたの枚数《まいすう》を決める

つくるかるたの枚数《まいすう》は自由です。50音順のかるたや、クラスの人数分（ひとり一枚《いちまい》）のかるたをつくってもいいでしょう。

かるたを50音順にしない場合、頭文字はかぶってもいいですぞ！

3 言葉を集める

本やインターネットなどを使って、かるたにしたい言葉を探《さが》して選びます。クラスのみんなやグループでつくる場合は、言葉がかぶらないように気をつけましょう。

▼名言の探《さが》し方は1巻《かん》へ

それぞれが探《さが》す名言の人物などを決めておくといいね！

4 札をつくる

かるたの札はくり返し使えるよう、画用紙などの厚《あつ》みのある紙を使います。まわりをマスキングテープやビニールテープで囲《かこ》んでおくと強度が増《ま》しますよ。

かるたの四方をマスキングテープなどで囲《かこ》む。
り
頭文字は目立つように丸で囲《かこ》むなどして大きく書く。
り
理想をもち信念に生きよ
織田信長《おだのぶなが》
人物やイメージするシーンの写真、イラストなど。

今日の名言は？

名言おみくじ

名言が書かれたおみくじをつくり、箱などに入れて教室に置いておきます。朝、おみくじを引いて、その言葉を一日の目標にしてみてください。

例
理想をもち信念に生きよ
織田信長《おだのぶなが》
上半分に名言と、その言葉を言った人や作品名を書く。
下半分に人物や作品のしょうかい、その名言が生まれた背景《はいけい》などを書く。

おみくじを小さくたたむ。

名言おみくじ
箱の中におみくじを入れ、朝などに引く。

名言かべ紙・ポストカード

自分がとった写真や、かいたイラスト、目標にしているスポーツ選手やアーティストの写真などを使い、かべ紙をつくってみましょう。パソコンやタブレットで、素材《そざい》の上に言葉をのせます。印刷すれば、ポストカードとしても使えます。

一生けんめいのんびりしよう。
『ドラえもん』第8巻《かん》
野比《のび》のび太《た》
世の人は我《われ》を何《なに》とも言わば言え
我《わ》がなすことは我《われ》のみぞ知る
坂本龍馬

タブレットやパソコンなどのかべ紙は横向きで！

スマートフォンなどは縦向《たてむ》きでつくってね。

名言カレンダー

一日ひと言の名言が書かれた、日めくりタイプのカレンダーです。自分用につくってもいいですし、クラスのみんなで一枚《いちまい》ずつ作成して、教室にかざっておくのもおすすめ！

名言を書く。色をぬったり、イラストをかいたりしてみよう。

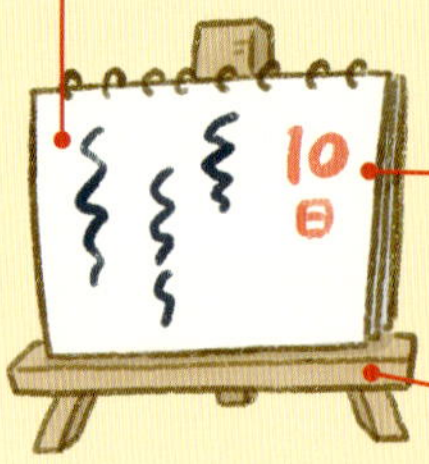
10日

カレンダーの日付を書く。

小さなイーゼルなどに乗せてかざる。

名言しおり

本にはさむしおりにも、名言を。イラストや写真、シールなどでかざると、素敵《すてき》に仕上がります。プレゼントにもおすすめ！

表

好きな名言と、その人物や作品名などを書く。

うら

その名言についてのエピソードなどを書いても。

紙がうすい場合はラミネートもするといいよ！

名言コースター

コップの下に置くコースターに名言を書きます。ふとしたときに気合いが入ったり、リラックスできたりするかもしれませんよ。

名言は、にじまないように油性《ゆせい》ペンで書いてね。

名言レターをおくろう

友だちや家族など、大切な人にあてた名言レターを書いてみましょう。手紙には、その人におくりたい名言と、応援《おうえん》のメッセージをつづります。相手にとっても、きっと心に残る言葉になりますよ。

こんなことを書こう

- 届《とど》けたい名言
- どうしてこの名言を届《とど》けたいか
- 自分にとってどんな言葉か

引っこしてしまう親友に向けて書いてみたよ
素敵《すてき》な手紙！　きっとうれしかっただろうな～

二つ折タイプのメッセージカードなどを使うのもおすすめです。

さくらちゃんへ

もうすぐ引っこしだね。さみしくなるな。
1年生からずっと仲よくしてくれて本当にありがとう！
いっしょに帰ったり、買い物に行ったり、ぜんぶ大切な思い出だよ。
いろいろ心配なこともあると思うけど、さくらちゃんならきっとだいじょうぶ！　わたしの大好きな『赤毛のアン』のアンの言葉をおくるね。

曲り角を曲がったさきに
なにがあるのかは、わからないの。
でも、きっといちばんよいものに
ちがいないと思うの。

この言葉を読むと、なんだか勇気がわいてくるんだ。
きっと楽しい学校生活が待ってるよ。またぜったい遊ぼうね！
電話もするね。これからも親友だよ！

あかりより

名言の部分は囲《かこ》ったり、色文字で書いたりするとより印象的《いんしょうてき》になります。

おくる相手のことを思って名言を選んでみるのですぞ！

君を応援《おうえん》する言葉　全巻《ぜんかん》さくいん

このシリーズの三冊《さんさつ》にのっている名言の一覧《いちらん》です。その言葉を言った人や、言葉が生まれた作品名などを、あいうえお順に並《なら》べました。

さくいんの見方

あ ― 行

あいみょん ― 人名・作品名

「恋《こい》するみんなの一生懸命《けんめい》を……」 ― 言葉

……❷ ― 巻《かん》

36 ― ページ

あ

あいみょん　「恋《こい》するみんなの一生懸命《けんめい》を
いつだって大尊敬《だいそんけい》してる」……❷36

青山剛昌《あおやまごうしょう》　「毎回毎回 前の自分をこえたいですね」……❷36

『赤毛《あかげ》のアン』(小説)　「曲り角をまがったさきに
なにがあるのかは、わからないの。でも……」……❸6

芦田愛菜《あしだまな》　「努力は必ず報《むく》われる。
もし報《むく》われない努力があるのならば……」……❷15

『あの花《はな》が咲《さ》く丘《おか》で、君《きみ》とまた出会《であ》えたら。』(映画《えいが》)
「平和で笑顔の絶《た》えない未来を……」……❸32

『アフリカの女王《じょおう》』(映画《えいが》)
「明日できることは明日やれ」……❷17

アルベルト・アインシュタイン
「困難《こんなん》のなかにチャンスがある」……❶34

池江璃花子《いけえりかこ》　「順位はどうあれ、楽しもう」……❷37

板垣退助《いたがきたいすけ》　「板垣《いたがき》死すとも自由は死せず」……❶25

イチロー　「言葉とは『何を言うか』ではなく
『だれが言うか』につきる……」……❷17

伊藤博文《いとうひろぶみ》　「大いにくっする人をおそれよ、
いかに剛《ごう》にみゆるとも……」……❶16

ウィリアム・スミス・クラーク　「Boys《ボーイズ》, be《ビー》 ambitious《アンビシャス》！
(少年よ、大志《たいし》をいだけ)」……❸27

上杉鷹山《うえすぎようざん》　「なせば成る なさねば成らぬ 何事も……」……❶27

植村直己《うえむらなおみ》　「始まるのを待ってはいけない。
自分で何かやるからこそ……」……❶36

英語フレーズ
「One《ワン》 for《フォー》 all《オール》, All《オール》 for《フォー》 one《ワン》 (ひとりはみんなのために……)」
「Never《ネバー》 give《ギブ》 up《アップ》 (絶対にあきらめない)」……❸27

大坂《おおさか》なおみ　「何事も口に出したほうが
達成するのは簡単《かんたん》になる」……❷24

大谷翔平《おおたにしょうへい》
「先入観は可能《かのう》を不可能《ふかのう》にする」……❷15

オードリー・タン　「他人がポイッて捨《す》てた運を拾っているんです」……❷18
「人間の価値《かち》は、財産《ざいさん》ではなく、
他人と分かち合ったものの量です」……❷14

オードリー・ヘプバーン　「魅力的《みりょくてき》なくちびるに
なるために、優《やさ》しい言葉を話しなさい……」……❶37

織田信長《おだのぶなが》　「理想をもち、信念に生きよ」……❶10

か

『かがみの孤城《こじょう》』(小説)　「闘《たたか》わないで、自分が
したいことだけ考えてみて……」……❸12

かこさとし　「真ん中だけがエライんじゃない、
端《はし》っこで一生懸命《けんめい》に……」……❶36

勝海舟《かつかいしゅう》
「行蔵《こうぞう》は我《われ》に存《ぞん》す。毀誉《きよ》は他人の主張《しゅちょう》、我《われ》に関せず」……❶17

葛飾北斎《かつしかほくさい》　「70歳《さい》以前にえがいたものは、
実に取るに足らぬものばかりである」……❶31

金子《かねこ》みすゞ　「私《わたし》が両手をひろげても……」……❸29

神谷美恵子《かみやみえこ》　「おどろきの材料は私《わたし》たちの身近に
みちみちている」……❶37

北口榛花《きたぐちはるか》　「選手村に入ってから毎日、
夢《ゆめ》のなかでは70メートルを……」……❷9

北里柴三郎《きたさとしばさぶろう》　「人に熱と誠《まこと》があれば何事も達成する」……❶22

木戸孝允《きどたかよし》　「大道《だいどう》行くべし、又《また》何ぞ防《ふせ》げん」……❶17

具志堅隆松《ぐしけんたかまつ》
「やめたいって思ったことがないからだろうね」……❷31

熊谷晋一郎《くまがやしんいちろう》　「絶望《ぜつぼう》が、深ければ深いほど
それを共有できたときに……」……❷37

『グリーンブック』(映画《えいが》)
「さみしいときは自分から先に手を打たなきゃ」……❸39

黒澤明《くろさわあきら》　「つまらないと思った仕事でも、
一生けん命やってみろ……」……❶36

黒柳徹子《くろやなぎてつこ》　「仕事を選ぶなら、進んでやりたいと
思うことをする。すきな人と一緒《いっしょ》にいる……」……❷28

広告《こうこく》コピー
「夢《ゆめ》は、口に出すと強い。」「習慣《しゅうかん》になった努力を、実力と
呼《よ》ぶ」「勉強のいちばんの成果は、もっと勉強したく
なることです。」「入学式。どこかに、一生の友達が
座《すわ》っている。」「人は、人の傘《かさ》になれる。」ほか……❷26

ココ・シャネル　「欠点は魅力《みりょく》のひとつになるのに、
みんなかくすことばかり考える」……❶28

『コジコジ』(まんが)　「みんな役に立っているんだね
コジコジは役に立ったことないよ」……❸15

故事成語《こじせいご》
「雨だれ石をうがつ」「先んずれば人を制《せい》す」「大器晩成《たいきばんせい》」……❶15
「青は藍《あい》より出《い》でて藍《あい》より青し」「井の中の蛙大海《かわずたいかい》
を知らず」「渇《かっ》しても盗泉《とうせん》の水を飲まず」「虎穴《こけつ》に
入《い》らずんば虎子《こじ》を得《え》ず」……❸16

ことわざ
「善《ぜん》は急げ」「早起きは三文の徳」「笑《わら》う門《かど》には福来《ふくきた》る」……①15
「急がば回れ」「終わりよければすべてよし」「果報《かほう》は寝《ね》て待て」「善《ぜん》は急げ」「始めよければ終わりよし」
「まかぬ種は生えぬ」……②16

さ

西郷隆盛《さいごうたかもり》 「天の道を行う者は、天下こぞって そしってもくっしない……」……①17
『坂道《さかみち》のアポロン』（まんが） 「恋《こい》が実るかどうか じゃない 君のこと大好きな奴《やつ》が……」……③39
坂本龍馬《さかもとりょうま》 「世の人は 我《われ》を何《なに》とも 言わば言え 我《わ》がなすことは 我《われ》のみぞ知る」……①11、17
『サマーウォーズ』（アニメーション映画《えいが》） 「いちばん いけないのは、お腹《なか》がすいていることと……」……③23
渋沢栄一《しぶさわえいいち》 「細心《さいしん》にして大たんなれ」……①12、16
ジョン・レノン 「好きに生きたらいいんだよ。 だって、君の人生なんだから」……①37
『スキップとローファー』（まんが） 「茶化さなくてもいいよ 立派《りっぱ》な目標じゃん」……③39
『すずめの戸締《とじ》まり』（アニメーション映画《えいが》） 「大事な仕事は、人からは見えないほうがいいんだ」……③39
『スタンド・バイ・ミー』（映画《えいが》） 「人はみな変わってるさ」……③11
スティーブ・ジョブズ 「もし今日が人生最後の日だとしたら……」……②34
スティーブン・スピルバーグ 「ぼくは、夜に夢《ゆめ》を見るんじゃない。一日中夢《ゆめ》を見ているんだ……」……②37
『スパイダーマン：スパイダーバース』（映画《えいが》） 「待つんじゃない、跳《と》ぶんだ。自分を信じて……」……③10
清少納言《せいしょうなごん》 「ただ過《す》ぎに過《す》ぐるもの 帆《ほ》かけたる舟《ふね》。人の齢《よわい》。春《はる》、夏《なつ》、秋《あき》、冬《ふゆ》。」……①26
ソクラテス 「無《む》知《ち》の知《ち》」……①26

た

『そして、バトンは渡《わた》された』（小説） 「塞《ふさ》いでいるときも元気なときも、ごはんを作ってくれる人がいる……」……③21
『ターミネーター』（映画《えいが》） 「I'll《アイル》 be《ビー》 back《バック》（また来る）」……③27
高杉晋作《たかすぎしんさく》 「おもしろき こともなき世を おもしろく」……①17
「まず飛び出すことだ。思案はそれからでいい」……①27
高橋尚子《たかはしなおこ》 「何もさかない寒い日は……」……②15
高村光太郎《たかむらこうたろう》 「僕《ぼく》の前に道はない……」……③29
武田信玄《たけだしんげん》 「もうひとおしこそ慎重《しんちょう》になれ」……①36
太宰治《だざいおさむ》 「怒《おこ》る時に怒《おこ》らなければ、人間の甲斐《かい》が ありません」……②17
伊達政宗《だてまさむね》 「大事《だいじ》の義《ぎ》は、人に談合《だんごう》せず、一心《いっしん》に 究《きわ》めたるがよし」……①26
『ちはやふる』（まんが） 「いけないよ どんなに 悔《くや》しくても 礼を大事にしなさい」……③35
『チャーリーとチョコレート工場《こうじょう》』（映画《えいが》） 「愛しているから心配なのさ」……③18
チャールズ・チャップリン 「人生は近くで見れば 悲劇《ひげき》だが、遠くから見れば喜劇《きげき》だ」……①24
辻井伸行《つじいのぶゆき》 「よーし、やってやる。ぼくしか出せない 音色《ねいろ》を探《さが》すんだ」……②36
津田梅子《つだうめこ》 「真の教育には、教師《きょうし》の資格《しかく》と熱意、 そして学生の研究心があればいい」……①8、16
手塚治虫《てづかおさむ》 「好奇心《こうきしん》というのは道草でも あるわけです……」……①27
トーマス・エジソン
「私《わたし》は失敗したことがない。ただ、一万通りの……」……①18
「天才とは、1%のひらめきと99%の努力である」……①25
徳川家康《とくがわいえやす》
「おのれを責《せ》めて人をせむるな」……①26
「いかりは敵《てき》と思へ」……②17
トマス・ア・ケンピス 「誰《だれ》がそういったか、を たずねないで……」……②17
『ドラえもん』（まんが）
「一生けんめいのんびりしよう」……③14
『DRAGON BALL《ドラゴンボール》』（まんが） 「よく動き よく学び よく遊び よく食べて よく休む……」……③34

な

永井玲衣《ながいれい》 「みんな平等にひとりぼっちだ」……②13
中原中也《なかはらちゅうや》 「汚《よご》れつちまつた悲しみに……」……③29
中村哲《なかむらてつ》
「人と和し、自然と和すことは、武力《ぶりょく》に勝る力です」……②12
ナポレオン 「余《よ》の辞書に不可能《ふかのう》の文字はない」……①25
西村宏堂《にしむらこうどう》 「私《わたし》の人生なんだから、私《わたし》が納得《なっとく》する 生き方を選んでいくの……」……②33
能條桃子《のうじょうももこ》 「この人が政治家《せいじか》をやっているくらいなら、 私《わたし》たちがやったほうがいいんじゃね？」……②32
野口英世《のぐちひでよ》 「忍耐《にんたい》は苦し、されどその実《み》は甘《あま》し」……①27
野村克也《のむらかつや》 「失敗と書いて、成長と読む」……①37

は

『ハイキュー!!』（まんが） 「ところで平凡《へいぼん》な俺《おれ》よ 下を向いている暇《ひま》はあるのか」……③8
パク・ジニョン 「短所がないことより、 特別な長所がひとつだけあることのほうが……」……②36
『走《はし》れメロス』（小説） 「それだから、走るのだ。 信じられているから走るのだ」……③20
『バック・トゥ・ザ・フューチャー』（映画《えいが》） 「道だと？ これから行く所に道は要《い》らん」……③38
『パディントン2』（映画《えいが》） 「パディントンは だれにでもいい部分を見つける……」……③26
羽生結弦《はにゅうゆづる》 「ぼくはぼく。羽生結弦《はにゅうゆづる》以上でも、 以下でもない……」……②25

羽生善治《はぶよしはる》「考え抜《ぬ》いても結論《けつろん》が出なければ『好き嫌《きら》い』で決めていい」……❷36

『ハムレット』（小説）「善《い》いも悪いも、考え方ひとつだからな」……❸38

バラク・オバマ「質問《しつもん》をすることをおそれてはいけません。必要なときに……」……❷22

『ハリー・ポッターと賢者《けんじゃ》の石《いし》』（小説）「敵《てき》に立ち向かっていくのにも大いなる勇気がいる……」……❸13

平塚《ひらつか》らいてう《（ちょう）》「元始《げんし》、女性《じょせい》は実《じつ》に太陽であった」……❶27

『ビリギャル』（映画《えいが》）「プレッシャーがあるってことは、受かる自信があるってことだ」……❸38

『フォレスト・ガンプ 一期一会《いちごいちえ》』（映画《えいが》）「人生はチョコレートの箱みたい。食べるまで中身は……」……❸22

福沢諭吉《ふくざわゆきち》「天は人の上に人を造《つく》らず 人の下に人を造《つく》らず」……❶25

藤井聡太《ふじいそうた》「自分の実力からすると僥倖《ぎょうこう》としか言いようがないです」……❷25

『ブラック・ジャック』（まんが）「正義《せいぎ》か そんなもんはこの世の中にありはしない」……❸15

ブレイディみかこ「言葉は思い込《こ》みを溶《と》かす」……❷21

フローレンス・ナイチンゲール「女性《じょせい》よ自立しなさい。自分の足で立ちなさい」……❶16

ヘレン・ケラー「人生は大たんな冒険《ぼうけん》か、何もないかのどちらかです」……❶6、16

ベンジャミン・フランクリン「今日できることを明日にのばすな」……❷17

『僕《ぼく》のヒーローアカデミア』（まんが）「倒《たお》れねーってのはクソ強《つえ》ェだろ」……❸38

『星《ほし》の王子《おうじ》さま』（小説）「心で見なくちゃ、ものごとはよく見えないってことさ……」……❸33

ま

マーティン・ルーサー・キング・ジュニア「I have a dream《アイ ハブ ア ドリーム》（私《わたし》には夢《ゆめ》がある）」……❸27

牧野富太郎《まきのとみたろう》「〝雑草《ざっそう》〟という草はない」……❶33

マザー・テレサ「大切なのは、どれだけたくさんのことをしたかではなく……」……❶21

『魔女《まじょ》の宅急便《たっきゅうびん》』（小説）「あたし、心配なんてしてないわ。心配はおきたときにすればいいのよ」……❸38

松下幸之助《まつしたこうのすけ》「失敗することをおそれるよりも真剣《しんけん》でないことをおそれたほうがいい」……❶27

マハトマ・ガンディー「弱い者ほど相手を許《ゆる》すことができない。許《ゆる》すということは強さの証《あかし》だ」……❶30

マララ・ユスフザイ「ひとりの子ども、ひとりの教師《きょうし》、一冊《いっさつ》の本、そして一本のペンが……」……❷25

水木《みずき》しげる「好きの力を信じる」……❶36

『ミステリと言《い》う勿《なか》れ』（まんが）「人が作ったものは人が変えていいんだと思います……」……❸30

三淵嘉子《みぶちよしこ》「やっぱり、私《わたし》は、人間を信じているということなのじゃないかな」……❶20

宮沢賢治《みやざわけんじ》「雨ニモマケズ 風ニモマケズ……」……❸28

『ムーミン谷《だに》の仲間《なかま》たち』（小説）「〝いつもやさしく愛想よく〟なんて、やってられないよ……」……❸15

向井千秋《むかいちあき》「人生は有限《ゆうげん》だから、自分が歩んでいく道は自分で決断《けつだん》しないと」……❷10

武者小路実篤《むしゃこうじさねあつ》「君は君 我《われ》は我也《われなり》 されど仲よき」……❶14

『名探偵《めいたんてい》コナン 沈黙《ちんもく》の15分《クォーター》』（アニメーション映画《えいが》）「一度口から出しちまった言葉はもう元にはもどせねーんだぞ……」……❸15

孟子《もうし》「去る者は追わず 来る者はこばまず」……❶26

『燃《も》えよドラゴン』（映画《えいが》）「Don't think. Feel!《ドント シンク フィール》（考えるな。感じろ！）」……❸27

や

矢部太郎《やべたろう》「なんだかすべてはムダではなく、つながっている気がしています」……❷6

山中伸弥《やまなかしんや》「高く飛ぶためには思いっきり低くかがむ必要があるのです」……❷30

湯川秀樹《ゆかわひでき》「一日、生きることは、一歩、進むことでありたい」……❶37

ユスラ・マルディニ「私《わたし》はみなさんに夢《ゆめ》をあきらめないでほしい……」……❷25

『夢《ゆめ》をかなえるゾウ1』（小説）「まあ好きなことするのも大事やけどな、それと同じくらい……」……❸39

与謝野晶子《よさのあきこ》「ああ、弟よ、君を泣く、君死にたまふ《（もう）》ことなかれ」……❶32

四字熟語《よじじゅくご》「外柔内剛《がいじゅうないごう》」「正々堂々《せいせいどうどう》」「日進月歩《にっしんげっぽ》」「有言実行」……❶15

ヨシタケシンスケ「明日やるよ。すごくやるよ」……❷8

吉田松陰《よしだしょういん》「一月《ひとつき》にして能《よ》くせずんば、則《すなわ》ち両月にして之《こ》れを為《な》さん……」……❶17

吉野彰《よしのあきら》「実るほど 頭《こうべ》を垂《た》れる 稲穂《いなほ》かな」……❷15

四十住《よそずみ》さくら「後悔《こうかい》ないくらい練習してきたので、それが結果につながった」……❷25

ら

『リーガルハイ スペシャル』（ドラマ）「『人』という字は、人と人とがおたがいに……」……❸15

ルース・ベイダー・ギンズバーグ「人生では、障《しょう》がいだと思っていたことが……」……❷20

わ

渡辺直美《わたなべなおみ》「失敗＝挫折《ざせつ》じゃない」……❷37

ワンガリ・マータイ「心を開いて生きることの美しさを経験《けいけん》してください」……❷37

『ワンダー 君《きみ》は太陽《たいよう》』（映画《えいが》）「心の中がのぞけたらみんなもふつうじゃないと思う……」……❸36

『ONE PIECE《ワン ピース》』（まんが）「お前にできねェ事はおれがやる……」……❸24

監修

白坂洋一（しらさかよういち）

筑波大学附属小学校国語科教諭・国語科主任。全国国語授業研究会副会長。小学校国語科教科書編集委員。『例解学習漢字辞典』（小学館）編集委員。『例解学習ことわざ辞典』（小学館）監修。著書に『子どもを読書好きにするために親ができること』（小学館）、『子どもの思考が動き出す 国語授業4つの発問』（東洋館出版社）など多数。

表紙・本文イラスト　藤本たみこ
カットイラスト　イケウチリリー
ブックデザイン　GRiD
DTP　有限会社ZEST
執筆　高島直子
校正　夢の本棚社
編集　株式会社スリーシーズン

協力・写真提供

株式会社新潮社、株式会社集英社、株式会社ソニー・ピクチャーズ エンタテインメント、株式会社ポプラ社、株式会社静山社、株式会社小学館、NBCユニバーサル・エンターテイメントジャパン合同会社、株式会社文藝春秋、スタジオ地図、株式会社バップ、株式会社キノフィルムズ、金子みすゞ著作保存会、松竹株式会社、株式会社岩波書店、株式会社講談社、株式会社文響社

主な参考資料

『写真で読み解く故事成語大辞典』（あかね書房）

君を応援する言葉③
心にささる！　物語の名言

2025年2月10日　初版発行

監　修　白坂洋一
発行者　岡本光晴
発行所　株式会社あかね書房
〒101-0065　東京都千代田区西神田3-2-1
電話03-3263-0641（営業）　03-3263-0644（編集）
印刷所　株式会社精興社
製本所　株式会社難波製本

ISBN 978-4-251-09405-6

https://www.akaneshobo.co.jp

NDC159
白坂洋一《しらさかよういち》
君《きみ》を応援《おうえん》する言葉《ことば》③
心《こころ》にささる！　物語《ものがたり》の名言《めいげん》
あかね書房　2025年
48 p　31㎝×22㎝

君を応援《おうえん》する言葉　全3巻

監修　白坂洋一

①

力がわく！

偉人《いじん》の名言

ヘレン・ケラー、津田梅子《つだうめこ》、織田信長《おだのぶなが》、
坂本龍馬《さかもとりょうま》、渋沢栄一《しぶさわえいいち》、トーマス・エジソン、
北里柴三郎《きたさとしばさぶろう》、ココ・シャネル　ほか

②

世界が広がる！

現代《げんだい》の名言

矢部太郎《やべたろう》、大谷翔平《おおたにしょうへい》、バラク・オバマ、
オードリー・タン、北口榛花《きたぐちはるか》、黒柳徹子《くろやなぎてつこ》、
山中伸弥《やまなかしんや》、スティーブ・ジョブズ　ほか

③

心にささる！

物語の名言

『赤毛《あかげ》のアン』、『ハイキュー!!』、『かがみの孤城《こじょう》』、
『ドラえもん』、『そして、バトンは渡《わた》された』、
『ONE PIECE《ワンピース》』、『ワンダー 君《きみ》は太陽《たいよう》』　ほか